U0477171

# 毕竟战功谁第一

【修订典藏本】

谭伯牛 著

江西教育出版社
JIANGXI EDUCATION PUBLISHING HOUSE

图书在版编目（CIP）数据

毕竟战功谁第一 / 谭伯牛著. -- 南昌：江西教育出版社，2019.8
ISBN 978-7-5705-1090-0

Ⅰ. ①毕… Ⅱ. ①谭… Ⅲ. ①中国历史一清后期一通俗读物 Ⅳ. ①K252.09

中国版本图书馆 CIP 数据核字（2019）第 085234号

毕竟战功谁第一
BIJING ZHANGONG SHEI DIYI
谭伯牛　著

江西教育出版社出版
（南昌市抚河北路 291 号　邮编：330008）
各地新华书店经销
三河市华润印刷有限公司印刷
880mm×1230mm　32 开本　8.75印张　168 千字
2019 年 8 月第 1 版　2019 年 8 月第 1 次印刷
ISBN 978-7-5705-1090-0
定价：42.00 元

赣教版图书如有印制质量问题，请向我社调换　电话：0791-86710427
投稿邮箱：JXJYCBS@163.com　电话：0791-86705643
网址：http://www.jxeph.com

赣版权登字 -02-2019-458

# 自序

此书是旧作新刊。

自甲申年出版《战天京》，迄今已十五年，这期间除了长长短短的文章，我就再没写出一本专书。而出版的书并不少，都是集合了这些长长短短的文章。我并非没有写作计划，其间选题，有辛亥革命一月、有稀见史料整理、有曾国藩传、有胡林翼传、有胡光墉传、有秦代穿越小说、有清代战场游记、有帝王术介绍、有地方史研究，甚至还有民国名人的情感世界。亦非虚设题目，各个项目都做了笔记，列了提纲，有的还写成了数万字。只是，此书仍是旧作新刊。

“新”，体现在封面设计。我向出版人建议，用何绍基的《金陵杂述》手迹作为封面图案。同治三年（1864）十一月廿四日，他乘飞似海马轮船，自汉口启程，廿六日至南京。《杂述》第二首，所谓“两昼一宵飞似马”，就是说的这次旅行。[按，飞似海马（Fusi Yama）轮船，又译富士号，属于英国宝顺洋行（Dent & Co.），其时值运于上海—汉口航线，是晚清内河航运的著名客轮。]

从汉口到南京，何绍基不过用了三天，他的老朋友，曾国藩，组建湘军，挥师东下，走过这段征程，则花了十年时间。恰亦因为战事，曾国藩引进洋轮驶入内江，无意中为何绍基此行提供了物质保障。而当年在北京，曾国藩最大的理想，却是文章好过梅曾亮，书法胜过何绍基，“异日若辈不足相伯仲”也，无奈“学未成而官已达”，艺文大师，从此梦碎，功名偶像，光照百年。是则晚年曾国藩长为太息而心事不能平者也。

何绍基此诗，除了怀故人，访旧游，中心思想究为赞颂曾氏兄弟的武功。弟弟曾国荃，是“曾公径逼雨花台”“智勇深沉第一勋”；哥哥曾国藩，是“郭李范韩难比并，固应拜相更封侯”。拙撰书题，系借用集中短文的篇名，为湘军中被排挤的外省将领表冤，而对打赢国史最大内战的“第一勋”，并无疑义。可是，公认为功首的曾国藩，总结生平，居然说出“不信书，信运气”的话，似乎对拜相封侯有了更深妙的领会。这些纠缠的人事、翻覆的世情，正是书中小文想要描写的内容。因缘如此，才用何道州的法帖作了小书的封面。

又，《杂述》专为老朋友汪士铎写了一首。士铎曾是胡林翼的幕客，胡林翼生前是湘军的领袖，身后编订遗集与年谱，又是士铎的苦劳。为此事请曾国藩指示，国藩委婉建议，谓选印批牍书信奏议即可，“似不必更为年谱，求显反晦”，同时，搜辑遗文，也不要求全求备，因为有些信札，公诸天下，反而不是爱人之道。林翼与国藩十分不同，纨绔少年一变为中年大帅，在京有奥援，治军有心法，政争有手段，最大本事，不在案上的文章，而在桌底的交易。临终前仍不忘嘱咐国藩，既然总督两江，受节制四省军务之命（这也是他运作成功的结果），务必要“包揽把持，恢廓宏远”，说白了，就是要集权，要贪功，不要怕闲话。而国藩做事，素以谦敬、诚勤为标准，坚持原则，爱惜羽毛，做事可以慢慢来，做人不能出纰漏，生前检讨自己的文字，已清楚标注哪些可刊，哪些不可刊，早为百年后的清誉做了准备。因此，才劝汪士铎，要护惜胡文忠公的令名。被曾国藩誉为金陵读书种子的汪士铎，于此不能不做妥协，但也特意把这封信附印于年谱篇末，以为微弱的反抗。

何绍基为汪士铎所作的绝句，云：“贫士偏耽古籍储，杨张里巷已邱墟，梅村幸有归来日，闾井浮湛老著书”。（按，梅村，士铎别字。绍基自注，谓内战前，去南京访士铎，只知道他住仓巷，不知道具体是哪一间，看到一户门联云：“佣保杂作，闾井浮湛”；心知其是，而“叩之果是”。）汪士铎有《梅村先生集》，淹博精深，文质彬彬，为人则木讷刚毅，岸然绝俗，而一生蹭蹬，兼有悍妻，晚年遂号无不悔翁，实在是一位极有趣的近代学者。

为介绍旧作新刊的“新”，强拉这许多前贤站墙子，太惭愧。希望再写自序的时候，不必如此勉强，而能温故知新，推陈出新，日新又新。尚祈读者谅原。

谭伯牛

已亥六月望日

# 目 录

## 辑一

赫德，行走在广州 _ 002
阶下囚与汉奸 _ 010
广东“流亡政府” _ 018
英国人的老朋友 _ 024
没想到做了人质 _ 027

## 辑二

曾国藩的读书课 _ 034
曾文正公吐槽录 _ 044
谁想做皇帝 _ 053
相术 _ 056
人不忍欺 _ 059
曾像的故事 _ 061
襟怀洒落 _ 067
痞子腔 _ 070
逮着机会骂上几句 _ 073
军机处的大话痨 _ 077

少磕一个头罚了一年俸 _ 080
得体的拒绝 _ 083
“今亮”左三爹 _ 086
李鸿章代笔事件 _ 089
中堂的主考梦 _ 095
他伯伯是李鸿章 _ 098

## 辑三

奇人钱江 _ 104
天下第一愚人 _ 107
田将军是不是基友 _ 110
名将如美人 _ 115
记名提督王总兵 _ 118
陈士杰轶事 _ 121
李榕轶事 _ 123
李文哀公轶事 _ 129
李将军 _ 133
梅痴与熟女 _ 136
大丈夫能哭能升 _ 139
虽罢，犹有官意 _ 142
冲天炮传奇 _ 145
毕竟战功谁第一 _ 149
吴光耀痛批湘军 _ 152

## 辑四

内战的资格 _ 158
如何教人去死 _ 161
太平兵法 _ 164
意生寺公案 _ 167
想去天堂看一看 _ 172
军痞、间谍与史学“转型” _ 175
天国里的湖南人 _ 178
美人小白 _ 183
女馆错在哪儿 _ 188

## 辑五

谁先说要结拜兄弟 _ 192
官界佛子 _ 195
曾纪泽的英文名 _ 197
天生急遽郭亲家 _ 200
木关防轶事 _ 205
能静居日记 _ 210
越缦堂与湘绮楼的孽缘 _ 214
土匪名士武歪公 _ 219
《投名状》野史正 _ 224
寻访太平天国战争遗迹 _ 251

# 辑一

## — 赫德，行走在广州 —

### 细路仔眼里的鬼佬

咸丰八年（1858）二月七日，是赫德（Robert Hart，1835—1911）来到广州的第二天。早餐后，他漫步广州街头，忐忑不安，“生怕有个什么不怀好意的 fuh-kee（按，粤语‘伙计’之音译），会在我背后琢磨着要给我这个孤孤单单在他们的大街上游逛的 fan-kuei（按，粤语‘番鬼’之音译）猛地来上一拳”。幸运的是，没有广州人冲上来攻击他这位“外宾”——除了一个“细路仔”（按，粤语“小孩子”之意）突然对他叫了一声“鬼佬”。赫德观察到“近旁的年长的人们立即对细路仔投以责备的眼色”，从而觉得，行走在广州还算安全。

赫德是英国海外殖民的代理人，也是为清廷尽心服务的“客卿”。自咸丰九年任粤海关副税务司，至光绪三十四年（1908）离任大清国海关总税务司，他为清廷理财达五十年之久。英国皇室表彰他在海外殖民的功勋，授予他从男爵（Baronet）的荣誉，清廷也因他在财政上的贡献，在他逝世后将他追封为太子太保。当他在广州街头行走时生恐被人袭击，其时尚未在海关任职，而是以英国驻宁波领事馆的助理翻译身份，初来广州，冀望为自己的职场生涯开创一个新局面。

美国学者费正清（John Fairbanks，1907—1991）主持赫德日记的整理工作，他对赫德来广州以前的生活进行了敏感与可信的评论。他首先判断，赫德在年未弱冠时误交损友，“犯下一种堕落行为”，并因此“得了某种（惩罚性）疾病”。然后，当赫德在宁波，遵照彼时来华西人的“老规范”——“西方人在中国所过的高等生活的必备条件之一就是享有中国女人。这种女人实际上是一种会走路的商品，任何外国商人照例可以通过他的（中国）买办买来”——花钱买了一位姚氏女子（赫德日记称为“阿姚”），她为赫德生下二子一女。再后，赫德在广州抛弃了姚氏（分手费为 125 洋元），与另一位中国情人“阿依”（Ayi）结为露水夫妻。费正清认为，赫德虽然抛弃了姚氏，但是，仍可“推断，使他永远留在中国的不是别的，正是他和阿姚的一番经历；他一生成熟过程中很重要的一部分就发生在中国”。

窃谓，费正清或许浪漫主义过了头，深受“才子佳人”的封建思想毒害，才如此下笔。因为，根据他整理的赫德日记，我们不难发现，赫德在广州所受“恐怖袭击”的经验以及他最终被任命为粤海关副税务司的事实，对于塑造他的人格更有效力。让我们检讨赫德在广州的经历，看一看这位来自北爱尔兰贝尔法斯特的少年是如何适应南中国的波谲云诡，以及如何通过这段经历趋于“成熟”的。

## 译员赫德眼里的高官

广州被占领是确凿无疑的事实。然而，占领军一出广州，即有受到民兵攻击的危险。尽可能待在城里，才是明哲保身之道。由此而言，广州也是一座围城。

咸丰八年二月六日，赫德进入围城。当晚，“广州总督”巴夏礼为他设宴接风。巴夏礼“身材中等，面容白皙而微微偏黄，淡黄色的头发，留着沙色柔润的小胡子，真是仪表堂堂”“但是，他的鼻子和嘴部却使人感到他的行为有些神经质，而不具有一种决断的性格”。这是巴夏礼留给赫德的第一印象。

无疑，赫德的观察是准确的。巴夏礼极具办事能力，但性格暴躁，不时会做出一些失常的举动。譬如，与联军紧密合作的中方人员，除了柏贵、穆克德讷与蔡振武，就数怡和行的伍崇曜了，巴夏礼却在一次会议上狠狠抽了伍崇曜的耳光。这不仅令柏贵诸人有兔死狐悲之感，也让包括赫德在内的外邦人士深感遗憾。

随后，赫德见到了将军与巡抚。将军穆克德讷“是个大汉，身高几近六英尺，年约六十岁，胖得出奇，几乎无法站直”“他之所以身居高位，似乎主要是由于他拥有这么一副魁伟的身材，而不是其他什么德行”“他是个最无关紧要的人物”。二月十八日，穆克德讷对联军两位司令官进行“礼节性拜访”，会见完毕，赫德请他摄影留念，“鞑靼将军和他的扈从们看到照相机，似乎有些怀疑，但他还是勇敢地坐在那里，尽量做出庄重的样子”。

巡抚柏贵“自幼在首都生活，言谈举止皆合乎宫廷中的礼仪规范”“为人精明强干，外貌坚强果断”“一见而知，他在任何方面都比那位武职官员（穆克德讷）高超得多”。只是，在赫德看来，柏贵仍不够“精明”，至少，他不擅说谎，偶一尝试，立即为人识破。

三月十五日下午，赫德作为柯露辉与马殿邦两位委员的翻译，随同拜访柏贵。柏贵提出，他想出城拜谒新到不久的钦差黄宗汉，越快越好。为了强调尽早会晤的重要性，柏贵透露了广东官场微妙而复杂的情形。布政使江国霖与按察使周起滨“与他为敌”，“对他毫不尊重，完全无视他现在是钦命署理广东巡抚”，甚至番禺、南海二县的知县也不尊重他，未经请示，便擅离治所，去花县联络“乱党”——是的，柏贵此时不得不称义军为“乱党”。柏贵深恐这些人与钦差见了面，会说动钦差“参加反英与反柏贵集团”，因此他不得不“棋先一着”，尽快向钦差“陈情”，希望能将钦差拉到“中外和好”阵营这一边来。

## 侵华英军的法庭

侵略者固然可恶，然而他们依法治军，惩处在战争以外的时间侵犯平民的军官与士兵，让人印象深刻。当然，坚持这么做的是英国侵略者。至于法国人，以后再说。

四月六日，英军军事法庭开始审理三名皇家海军陆战队员被控谋杀、抢劫与强奸未遂的案件。由一位中校出任法官，十一名军官充当陪审员，请随军警察所长担任检察官，还有一位军官被任命为军法官，并规定，必须为中国证人配备翻译，否则不能开庭。

第一天，先有英军士兵证明主嫌犯威尔福德在案发当日不在场。显然，作为译员的赫德不信这些证词，他更关心中国证人的表现。然而，令他感到“颇为好笑”的是，尽管出庭的两位中国证人确认威尔福德当时在场，并强调他眼部下方的伤疤是辨认凶嫌的主要特征，可是军医，一名中国人，却说案发以后嫌犯在军营与人斗殴，才有了这个伤口，并经他处理伤势，而当检察官质询军医处理伤势是在哪一天，军医却又根本记不清是哪一天。

次日，上庭的全是中国证人，赫德译员累了个半死。最后出庭的是受害者唐志忠，他称自己在一周前被嫌犯殴劫，而在此之前与自此以后，都没见过威尔福德。于是，法庭找来四个英国人，与威尔福德站成一排，皆剃去胡须，请唐志忠辨认。法官问他，打他的人在不在现场。唐志忠说："有一个在这里。"法官说："把你的手放在他的肩膀上。"唐志忠"毫不犹豫地把他的手放在威尔福德的肩上"。

第三天，有个小插曲。充任陪审员的某位军官因病不能出庭，军事法庭特地给侵华英军指挥官写信，请示如何办理，两小时后收到回信，指定另一名后备军官宣誓，增补为陪审员。于是，再次开庭。

法庭命令三个嫌犯与另外八个英国人（二人留须，六人无须，增加一点辨识难度）站成一排，仍请受害者唐志忠指认。唐志忠首先再次"毫不犹豫地挑出了威尔福德"，然后细看了一下，指出另一名嫌犯，只是最终表示第三个人实在挑不出来了。

"我从未见到过比这更确凿而无可置疑的认证。法庭上每个人见到这种情景似乎都感到松了一口气：他们对过去几次认证时都没有指出威尔福德的那些中国人是否正直无私，是心存怀疑的。但是这一次，问题就一清二楚，毋庸置疑了。"——这是赫德当庭的观感。

当然，法庭作出判决还需要做更多的工作，譬如委员重走一遍三名嫌犯当日所走的路，落实各项书证与物证，撰译有关案情的告示与信件，甚至与三人委员会发生冲突。巴夏礼指示赫德不要管法庭的闲事，而应将精力放在委员会的工作上，法庭因此休庭，向联军最高指挥官投诉，并特派军官到赫德办公室，"命令"他出庭。巴夏礼闻讯大怒，说："谁有权来向我们的下属发号施令？"

当然，最终“广州总督”巴夏礼还是放手，让赫德去了法庭。万恶的侵略者也知道不能对抗法律。

## “恐怖袭击”

英法联军占领了广州城，但是无法阻断城内外的交通，也不能有效盘查进出的人员，这让团勇有机会混进城，暗杀了一些外国人。

五月二十三日上午，四名法国水兵在永靖门（又称东便门）被数十名团勇围攻，逃走三名，剩下的一位被斩首分尸，扔在门外小河。闻讯，联军派出两支小分队赶到现场，将“附近企图逃跑的人”一一枪决——看到荷枪实弹气势汹汹的“番鬼”，大概每一位围观群众都要“企图逃跑”，而若不跑是否就能保证安全，也很难说，然而无论如何，真应对此负责的团勇应该早就走了。

事情还没完。次日，三人委员会派赫德找到蔡振武，通知他，联军决定向永靖门外居民课以四千元的罚款，并指定他负责收齐，在明日午后四点以前交到委员会。振武当场抗命，理由很充分：一、联军攻城以来（甚至以前），富户早已逃走，留下来的都是穷人，根本凑不齐这笔巨款；二、为搜捕凶手，法国水兵遇难地周遭的房屋，昨日已被拆毁不少，而且当场还杀了六十多人，这些人几乎都不过是看客而已；三、振武不敢去收，去的话，肯定挨骂挨揍，甚至丧命。振武表达反对意见时，用了“欺人太甚”四字，赫德对此“颇感羞愧”，只是感愧的原因不是认为联军的报复行为“太甚”，而是“这样会使中国人把我们看得比他们本国的官员更贪婪，更见钱眼开”。显然，英国人一贯看不上法国人的立场并不因为成立联军就有所改变，赫德亦未免俗。

“恐怖袭击”——中国人很难认同这个词，暂用侵略者的口吻——继续发生。二十七日，英军小队经过西郊，被七十余名团勇追杀，终于逃脱。六月三日，联军强征民夫拆除东郊民房，坚壁清野，预防团练攻城，突遭袭击，一个法国人与两个英国人被杀；夜里，一名英国商人与他的葡萄牙仆人失踪，几天后，在西郊十三浦发现两具无头尸体。四日，巡逻队在西南门内遇袭，被霰弹枪击毙二人，伤七人。六日，一名英兵在城内被斩首分尸。八日，巡逻队在文明门附近遭遇路边炸弹。据事后勘探，应是团勇将点燃的香系在一根绳子上，绳子穿过炸药包，又越过一所房子的墙壁，穿过屋顶，屋顶布置了哨位，一旦敌军近前，则以“当当的异常的敲击声”为信号，另有人闻信便拉绳子，引发爆炸。

联军几乎没有捉住或杀死任何一个参与暗杀的团勇。唯一的“回敬”，只是“派出去一帮人把（袭击所在地附近）长达半英里的一条大街烧个精光”，同时设想“那些中国房主对各路乡勇一定是感激不尽吧”，再加上一句英伦风俏皮话：“我相信现在投资房产一定获利颇丰，但是风险也不小呵。”

# —— 阶下囚与汉奸 ——

## 叶名琛的名声

咸丰八年（1858）的广州，已非清廷控制的广州，而是外国“代管”的广州。

广州是中英《南京条约》划定的“通商口岸”，但是，这份条约的中、英文本有个显著的区别。中文本允许一般英国人居住“港口”，只有官员才能进驻“城邑”；而英文本则谓不论官民，凡为英国人均得入住“城邑”，也就是说，任何英国人皆有权进入广州长期居住。同时，法、美等国也签订了类似条约，其国人亦有权在广州长期居住。由于文本差异，清廷与外国长期争论不已，最终演变为一场战争——此亦是史称第二次鸦片战争的一部分。

咸丰七年十一月十四日，“广州这座高二丈三尺、宽一丈八尺、周长十九里多的华南名城，只经过一天多的战斗就陷落了”。然而，攻入广州的英法联军，总计不过万人，“如何统治这座不屈的城市，如何对付数百万广州及其近郊的不屈的人民”，这是一个问题。

城陷时，身在广州的清方高级官员有总督叶名琛、将军穆克德讷、巡抚柏贵、布政使江国霖与按察使周起滨。叶名琛（1807—1859）与其他高官皆于侵略军入城后被抓捕，然而，只有他一个人被流放至印度，客死异国。因为他在广州入城问题上坚持“不战不和不守，不死不降不走”的方针——严格地说，这并不是叶名琛自订的方针，而是当时舆论对他的误解——他不仅为清廷所唾弃，也为侵略军所痛恨，更成为谈史者的笑柄。

但是，据当时的《香港日报》评论，广州陷落后，英法联军在如何统治这座城市方面碰到最棘手的问题，竟是“叶名琛的威望是否仍然使广州人怀念他”。这位“勇敢、果断”的总督，极有可能成为抵抗组织借以号召民众的象征符号。因此，为了保证“善后”工作顺利开展，“必须把叶名琛的名声搞臭”。同时，英国驻华公使额尔金（1811—1863）也担心“叶名琛留在广州会使人心不稳，给重新恢复秩序和信心带来困难”。

一个阶下囚，竟有如此影响力，不得不令人反思叶名琛在他所处的时代究竟具有何种形象，是否真如前揭民谣所描绘的那么不堪。正是基于这种反思，澳大利亚学者黄宇和经过深入细致的考察，认为叶名琛的漫画式形象并非真实的历史写照，“仅仅因为叶名琛最后是失败了，所以他同包令（1792—1872，时任香港总督，也是叶名琛在‘夷务’方面的对手）共同具有的这种气质（‘头脑清醒，沉着冷静’），就被歪曲得无以复加，使他受万众唾骂”。不过，说明成王败寇的道理，兼为叶名琛洗冤，并非本文的主旨，想了解更多的朋友可以参看黄宇和著《两广总督叶名琛》。所以在此提及他的冤情，是为了反映英法联军治理广州的困难。

## 汉奸须论资格

叶名琛既对广州人具有影响力，不妨将他送至国外软禁，然而，送走他以后，仅凭英、法两国之人，仍然“无力统治广州城”，联军指挥官“相信，只有中国人的机构才能维持秩序”。也就是说，只有让叶名琛的同僚——巡抚、将军等人——出面安抚民众，才能稳定局势。

额尔金明言，“没有柏贵的协助，企图管理广州是困难的”“假如柏贵被（清廷）撤职或是受到（联军）虐待，所有下级官员非常可能弃职逃亡”“我们将在没有任何行政机构的情况下管理一个数十万居民的城市，而且几乎无法与居民对话（当时只有三个翻译）”，因此，必须控制柏贵，“使他成为我们手中无足轻重的工具，又不损害他在人民心目中的威信”。这一番话，是殖民主义者的心声，“委员会”正是遵循这个宗旨而建立起来。简言之，即在“广州联军委员会”的严密监管下，由巡抚衙门出面，处置广州的日常事务。

额哲忒·柏贵（？—1859），蒙古正黄旗人，起家知县，自咸丰二年（1852）任广东巡抚。他与总督叶名琛的关系，就像清史上绝大多数同城督抚一样，钩心斗角，面和心异。及至大难临头，各走一边，遂是自然而然的事。叶名琛在联军入城后，犹未“屈服”，认为“讲和”“或给以银钱”“都无不可”，“独进城一节断不可许”：他仍然一厢情愿，望联军在获得赔偿后退出城外。让不让外国人入城是原则问题（基于《南京条约》中文本），赔款只是经济问题，孰轻孰重，叶名琛自认拿捏得准。柏贵不然，他不管原则，他只关心如何解决目前的尴尬。以此，联军入城次日，他就与广州将军联名发布安民告示：“明言两国议和，不必惊慌。”

对联军来说，他们也要坚持原则（《南京条约》英文本），是否入城根本不容再行讨论，何况大军业已入城，以此，他们认定柏贵是一个合适的合作对象，并在这个认知的基础上，提出与柏贵进行“实质性”合作的四项原则。

四项原则是：一、联军组织一个委员会，驻留巡抚衙门，派出若干巡逻部队，“协助”维持广州治安；二、在联军控制地区以外（实谓广州以外，广东以内），凡有案件涉及外国人，俱应由委员会负责处置；在联军控制地区以内，则不论何种案件，均按军法处置（即“杀无赦”）；三、未经委员会加盖印信，巡抚无权颁布任何布告，不论用官衔还是私人名义；四、巡抚速令广州城内所有清军缴械。

柏贵既接受了英法联军的四项合作原则，于是，咸丰七年（1857）十一月二十五日，即广州城陷后第十一天，在惠爱坊巡抚衙门（即今人民公园与广州市政府所在地）召开了傀儡政府成立大会。会上，额尔金宣布：一、联军占领广州，直至与清廷达成协议，再将广州交还清政府；二、任何企图以武力或欺骗来扰乱局面者，不论唆使与肇事，俱将受到严惩。接下来是法国驻华公使葛罗发言，大旨与额尔金相同。最后，柏贵发言，作出了“令人满意的答词”。

同日，“广州联军委员会”亦告成立。委员会由三人组成，故又称“广州三人委员会”。三人是英国驻广州领事巴夏礼、英国上校柯露辉与法国海军大佐马殿邦。两位军人是英法侵略军的指挥官，不谙华语，亦不懂行政。巴夏礼自幼居中国，于汉语之听、说、读、写，样样精通，道光二十三年（1843）曾拜广东总督耆英为“义父”，“机警勤密，有口辩，诸酋中最称桀黠”，是当之无愧的“中国通”。因此，所谓三人委员会，其实就是巴夏礼一个人的委员会，时人称“他简直就是广州的总督”，洵非虚誉。

凡欲殖民，光有侵略军的“中国通”还不够，得有土产汉奸配合才能做成“好事”。在这种局面下，认柏贵为汉奸，自是不错，尽管他是满人。然而，具体与外人沟通，事事亲力亲为的，却非柏贵，而是另有其人。一般认为，广州十三行中的怡和行第四世浩官（即伍崇曜），在此期间交接西人，上下其手，做了不少辱国失格的事。

但是，他是一个商人，既无守土之责，亦无殉国的义务，论其资格，欲做“汉奸”，欲行“卖国”，实不够格。况且，当侵略军入城，崇曜“亲见酋长，责以大义，凶威稍戢，西关闾阎幸免灰劫”云云，他竟为广州人民做了大好事。

因此，我们要找出一个合适的汉奸代表，而代表资格认定，首要条件得是此人具有官方身份。据时任南海知县华廷杰指证，前任肇庆知府现为候补道的蔡振武，才是不打折扣的汉奸。

傀儡政府其他官员迫于兵威、迫于生计，纵不敢与外国人相抗，但也尽量做到相对时“默无一语”，唯振武“素以才辩自居，颇与洋酋酬答”“随机应对，即洋酋亦喜形于色，一见如旧相识”，柏贵有鉴于此，乃委任振武“专办洋务”。按，“洋酋”谓巴夏礼，而“专办洋务”四字，在当时士大夫说来，即是汉奸的代称。以今人的判断，办洋务，与外国人谈事儿，跟汉不汉奸有何干系？这确是当时士大夫的偏见。不过，另有一事，却让振武难以洗脱汉奸的恶谥。

广州沦陷后，蔡振武升了官，署任广东按察使。他能“名留青史”，除了这段时间做汉奸，还是一段文坛逸事的主角。

前此，某日，粤省官员聚会，有人聊起姓名对（如孙行者对祖冲之），便说在座的高州知府马丽文可对蔡振武。振武略一思考，说，此联不工，因为文可对武，丽（“附丽”之“丽”）可对振，但是马蔡对不上。同事听了，呵呵一笑，说，您没读过《论语》“臧文仲居蔡”的注文吗？振武当然读过，立时想起“蔡，大龟也”，不禁一囧。*

当然，振武做汉奸的表现，龟都不如。至少龟没他那么聒噪。

咸丰七年十二月初七日，南海知县华廷杰与番禺知县李福泰去见柏贵，议事毕，在抚署门口遇见蔡振武。振武拉住他俩，说，明天一早，洋委员要去视察城内外各处要隘，你俩是地方官，须作陪同。华、李闻言，不答一语。上司安排工作，理应答复，然为侵略军做马前卒，却又不能遵从，以此二人不答一语。

振武一愣，补充说明，云：“我与洋人已约会，明日断难失信。”廷杰看挨不过去，而又不拟直接拒绝，遂打官腔，说，他俩回去研究一下（“再商酌”）。振武急了，云：“有何可商？去否？宜直说。”廷杰看避不开，只好冒险说：“不能同去。”振武追问，怎么不能。福泰从旁诉苦，云：“地方官带洋人驻兵，恐百姓不服。”振武哈哈大笑说：都什么时候了，还在讲这些屁话（“头巾话”），

---

* 马丽文的曾孙是近代学者马君武，他在回忆录特地记载了这件趣事，只是书名误记为《金壶偶谈》，其实应是《雨窗消意录》。此后，林纾撰小说《妖梦》，中有名元绪（龟之别名）者，用以影射蔡元培，也是用这句注文来做人身攻击。

你俩还怕“名留青史”不成?

振武的话，虽有潜台词，却很直白。他的意思，无非在说，咱都已经在这替“伪政府”办事了，“遗臭”万年肯定逃不掉了，那还扭扭捏捏做啥?身后事既不可料，眼前亏最好不吃，不如“毅然决然做了汉奸”（陈巨来语），来得爽快。廷杰看他无耻嚣张，顶了一句，谓：“名留青史，公且不能。”说罢掉头就走。振武受了羞辱，回头向委员会报告，欲“令洋人来攫二人”，未果。

振武殆谓自己当日已经“从贼”，华、李亦然，皆是“汉奸”，何必遮遮掩掩?而且，从当时情况来说，清廷虽另派人来粤任总督，但声明是来做柏贵的继任，并不因为柏贵被英法联军胁迫，就收回他的权力。那么，自柏贵以下，在广州的各位高官，执法行政虽不能自主，却仍然具有朝廷命官的合法性。同时，也可以说，清廷尚未断绝与广州当局的联络，则意味着承认这个傀儡政府。这应该就是振武不惮为恶的逻辑基础。

但是，处置汉奸的通例，一般不认为仅任伪职者就一定要科以汉奸罪，只有既任伪职且“忠于职守”者才是汉奸。依例，振武确系汉奸。至于华廷杰与李福泰，虽任伪职，而“阳奉阴违”“玩忽职守”，故不能算作汉奸。

# —— 广东“流亡政府” ——

## 广州义勇军

在非常局势下如何生存、如何反击，才是当务之急。于是，产生了组建义勇军的构想。

构想是这样的。布政使江国霖、按察使周起滨与番禺知县李福泰赴惠州，组织惠、潮义勇，为东路军；盐运使龄椿、督粮道王增谦与南海知县华廷杰赴佛山，号召肇庆等地义勇，为西路军。

既欲建军，首要之事在于筹饷。诸人算账：当时广州政府在金融业的投资（“发当生息之本银”），可以迅即收回的有十四万两；东莞、顺德等县存谷十余万石，折算银价，可得小十万两；盐、粮等部门存留现金亦有十万两。三项“综计，可定三十万”之数。此外，随着战事进行，尚可发行“公债”，保证“源源接济”。

有了钱，还得有人。江、周等在职官吏不能公然出面领导义军。因为，巡抚既与侵略军“共治”广州，朝廷亦未对英法宣战，则中外“议和”仍有一线可能，倘若地方官贸然行动，导致局面进一步恶化——譬如英法增兵全面侵略中国——谁能担此重责？以此，须挑选合适的“绅士”，让他们指挥军事。其时，在籍侍郎罗惇衍、太常寺卿龙元僖、工科给事中苏廷魁诸人，与中央有联系，在地方有威望，顺理成章成为义军领袖。而实际作战，则以林福盛之香山勇、邓安邦与何仁山之东莞勇及陈桂籍之新安勇为主力，其后，诸勇联合起来，组成广东团练总局，以花县为指挥中心。

人财具备，然后制定战略，简言之，即“先礼后兵”四个字。首先集合五万大军，驻扎在广州西北，“振作军威”“按兵勿战”；随后派翻译入城，与敌军商议“退城条约”，敌军同意，皆大欢喜，倘不同意，则不惜一战。战，以前述林、邓、何、陈所带之勇为主力，约一万人，强行攻城，并安排“死士”埋伏城内，以期“内外夹攻”。

定计的主角，是南海知县华廷杰。当时巡抚柏贵虽是傀儡政府名义负责人，其实被英法联军软禁在抚署，不能与外交通，而布政、按察等高阶官员，或被洋人控制，或已逃出省城。留下来的官员，且行动稍能自主，以官秩论，则只有华廷杰与李福泰两位知县能做首领了，他们也当仁不让，互相勉励：“留则隐忍偷生，事易，去则经营克复，事难”“此后卧薪尝胆，不济则以死继之”。

## “流亡政府”

广东团练总局必须接受更高一级政治机构的节制，这个政治机构，就是由钦差大臣黄宗汉领导的“流亡政府”。在本国领土设立地方政府，固然不能称为流亡政府，然在省会以外设立省级领导机关，则称为“流亡政府”就不算过分了。

宗汉在广州陷落、叶名琛被俘虏后，经清文宗任命为两广总督，自北京出发，赶赴广东。临行前，文宗接见宗汉十数次，面授机宜，据宗汉透露，这个锦囊妙计是八个字，曰：“用民剿夷，官为调停。”略为解释，即“（广东）百姓发出义忿，与他（按谓英法联军）为仇，于钦差未到以前，先打一大仗”，令洋人尝到苦头，然后，钦差出面，“与之讲情讲理，或稍施惠（按即赔款）”“以作圆场”。这个算盘打得不错，只是，人在途中，广东局面已变。

百姓虽经团练，究非正规军队，难与敌军抗衡。再者，前述筹饷之事，全盘落空。政府资金被联军冻结，未能如愿提出；发行“公债”，民间捐款，则毫不乐观，因为，“民情初闻剿办外人，似颇欢欣鼓舞，及临时又多退缩”。细审之，捐款无多，并非人民不爱国，而是人民爱国得有个说头。现在，一没有朝廷对外宣战的圣旨，二无广东官方的公告，人民怎会稀里糊涂拿出私房钱，交给身份不明的“局绅”“练首”？谁知道官老爷拿这钱，是去买了军火，还是抽了鸦片？所谓“古今天下，人情皆然”也。

宗汉不是庸吏，他明白，要组织百姓起来爱国，最要紧是跟百姓讲真话，政府不能首鼠两端，明里议和，暗里交战，其间，却拿百姓的钱不当钱命不当命，百姓不傻。因此，要让百姓捐钱出力，“若非官为提倡，恐鼓舞不起”。今既身为钦差，“提倡”“鼓舞”之事，只能由宗汉挑头来做了。但是，宗汉真去做了，那么局面就变成“官率百姓与夷战矣，非出诸民间公愤也”，即能战胜，洋人亦“必泄忿于四口（按谓福州、厦门、宁波、上海四个通商口岸）”，甚而危及天津、北京。届时，皇帝大发脾气，怪罪下来，区区一个钦差，又如何受得住？

然而，不做，则民气抑郁，官威不申，国格大损，也会遭致皇帝的痛斥。前任两广总督，“浪战”如林则徐，受了处分；“不战”如叶名琛，也受了处分，宗汉找来找去，竟找不到榜样，彷徨无地，不知计将安出，回首平生，“不知造多少孽，故贬至此遥遥万里，想起来泪涔涔下”。

哭完了，还得继续干活，黄宗汉终于在抵粤前最后一刻想出“奇”招：“只好官与绅民貌离而神合，暗中与绅民时刻通信。外面仍是绅民为一局，是主战者；官长为一局，是圆通者。且看天津举动何如”（其时英法与清廷在天津谈判）。

所谓“貌离而神合”，是说，从总督衙门出来的片言只语，丝毫不能与夺回广州有关，更别说鼓动百姓捐钱出战；但是，私底下，应由总督衙门指挥夺回广州的战役，尤应提供经济支持。

事也凑巧，时当太平天国战争进行得如火如荼之际，主战场虽不在广东，但广东与广西、湖南、江西接壤地方（即西江、北江流域），时有战事发生，两广总督作为地方军事最高指挥官，可以名正言顺为广东“防堵”而练兵筹饷。于是，宗汉一到广东，即“长篇告示”，号召百姓“团练捐输”，名义上抵抗“发逆”，实则为“剿夷”提供支持。同时，“暗中与绅民时刻通信”，尽量让百姓知道这是为夺回广州做准备。这么做，效果不错，不到二月，即收得数十万两银子，有力支持了义军。

两广总督例驻广州，宗汉此行驻节惠州，乃是破例。今广州被占，巡抚率部仍居城内，其人亦未被清廷革职，然而，朝野上下都知道这是傀儡政府，只是不能明言而已。宗汉既是钦差，必然不能跟傀儡政府扯上丝毫纠葛，用他的话说，“上省则是投降”，所以，广州是万万不能去的。不仅不能去广州开署办公，就是与洋人谈判，亦不能将会议地点定在广州。

联军委员会曾有意将宗汉接入广州，宗汉闻信，下定决心，避不见面。联军又放出话来，说，“若不见他（按谓‘洋酋’）而跑至潮州，伊即追至潮州，跑至福建（宗汉是福建晋江人），即追至福建，总要拿到火轮船上”。宗汉咬紧牙根，“拿定主意”，坚决“不动”，倘若洋酋非要强行挟持，则“将毒药带在身”，总要“死在惠城”，不能“死伊船中”，“再不与叶中堂（名琛）为偶也”。然而，联军终未践约，宗汉空抱死志，未能殉国，“天不成我此节”，“奇哉”可惜也。

“流亡政府”成立了（黄宗汉未到之先，则以广东团练总局为临时指挥机构），“义勇军”组成了，为期一年之久的广东人民反侵略斗争也就拉开了帷幕。当然，对躬逢其盛的赫德来说，这种斗争不过是在阴险狡诈的官绅唆使下，由愚昧的中国民众实施的“恐怖主义”，极不文明，很不地道。

## —— 英国人的老朋友 ——

英法联军占领广州后，查抄总督、巡抚与其他衙门的档案，看到一份办理“夷务”的密奏，发现有个中国老朋友一直在忽悠他们，于是，当英国代表与清廷在天津谈判，看到这位老朋友觍颜出现在会场，不由大怒，拒绝与他交谈，并声明他若在场，将中止谈判。清方代表无奈，只得奏请这位同僚回京，以保全和局。

这位狡猾的中国老朋友，就是耆英（1787—1858）。他出身于世代簪缨之家（宗室正蓝旗，其父禄康为东阁大学士），自己也官运亨通（道光二十八年，擢文渊阁大学士，赐紫禁城乘舆），鸦片战争期间，先后以钦差大臣的身份总督两江与两广，协办大学士，是中国近代史开场演出的重要角色。

在两广任上，耆英与英国人相处可以称得上“融洽”二字。十九世纪四十年代末期，几名英国商人从中国购买一艘平底帆船——其实是清朝的军舰——驶往伦敦，这艘船被命名为“耆英号”（Keying），即此可知耆大人在中英友好关系里的地位。而在 1843 年夏天访问刚刚被割让给英国的香港时，耆英的风度给英国友人留下深刻的印象。

港督与驻港英军司令为他举办了盛大宴会，耆英在会上说:“我以清朝武士的信仰发誓，只要对中国外交还有发言权，两国的和平繁荣将永远是我最大的愿望。”经过连续几天的观察，英国记者发现清朝官员并非都是呆板、愚昧与不苟言笑的人，他们还有另一面:“耆英和蔼可亲，富有幽默感，高超的外交技巧与良好的教养，几乎无人出其右。他在宴会上谈笑风生，但又极有分寸。”

耆英特别喜欢在宴会上唱歌。驻港英军海军司令官请他吃饭，退席前，他“主动唱了一首充满激情的满文歌曲”。次日，耆英设宴答谢英国朋友，“每喝掉一杯酒，他都会敲打手链，大喊一声好”，当双方起立“为英国女王和中国皇帝干杯”完毕，“耆英邀请香港总督唱一首歌，其条件就是他自己也唱一首。后来他果然一展歌喉，而且唱得还真不错，并跟大家一起鼓掌，以示谢意”。与会人员不能不为耆大人的热情所感染，接下来，除了香港总督，包括司令、大法官在内的多名英方友人“也都表演了歌唱”。

只是，十几年后，英国人发现在档案里的耆英，仍然只是一个保守、强硬乃至恶毒的清朝官员。他们并不奢望他在奏折里为英国说好话，然而发现他在奏折里传达的英方信息或是有意误导，或是隐匿不报，而凭空添出不少对英方人士的人身攻击，尤其要命的是，关于允许外国人进入广州一事，他曾当面对英方承诺了日期，而在给皇帝的报告里他却一字不提。

咸丰八年（1858）五月，眼看再不清算耆英的旧账，则谈判进行不下去，英国人不仅占领广州，还要攻打天津，清文宗乃下旨赐耆英自尽，暂且安慰他那些受到伤害的英国朋友。

## — 没想到做了人质 —

1860 年 9 月下旬，从北京刑部大牢不时传出歌声，仔细一听，唱的是 *God Save the Queen*（《天佑女王》）。唱歌的人叫巴夏礼，英国人，9 月 18 日傍晚，他被清兵押送至狱。与他一同被捕的，有亨利·洛奇，是英国驻华公使额尔金的私人秘书。二人分监收押，不能知道对方的生死，于是，巴夏礼高唱国歌，若听到应和，则知洛奇仍然活着。

当时，巴夏礼已是赫赫有名的“夷酋”，尽管他的职务不过是额尔金的秘书。早在 1842 年，中英签订《南京条约》时，14 岁的巴夏礼就出现在签约会场，作为驻华公使璞鼎查中文秘书马儒翰的助手，被“非常正式的（地）介绍给（大清）帝国的代表团”。1857 年，英法联军攻克广州——此役的导火索“亚罗号事件”，即由巴夏礼策划——建立傀儡政府，由英法“三人委员会”监管，而巴夏礼是委员会的主脑。两广总督黄宗汉——并不能进入广州行使职权，可称“流亡总督”——曾悬赏三万两银子，购取巴夏礼的首级。1858 年，英法联军北上，以武力胁迫清廷签订《天津条约》，身在广州的巴夏礼认为英国过于“软弱”，对于未能让清廷同意在北京开办使馆及英国外交官入宫觐见皇帝，感到遗憾。

1860 年春末，英法联军以清廷未能履约为辞，再次发难，巴夏礼索性放弃英国驻上海代理领事之职，“投笔从戎”，以额尔金私人随员的身份随军北上。这年 8 月 24 日，天津沦陷，联军照广州模式，在天津实行“军管”，命清方官员留任处理日常事务，巴夏礼再次受命，负责监管这些官员。不过，与广州长达三年的“托管”不同，英法对占据天津并不感兴趣，它们的目标是去北京换约。所谓换约，是指中美《望厦条约》、中法《黄埔条约》（1844）规定，签约十二年之后，缔约方可就“所有贸易、海口各款”，重新谈判，及至谈妥，则交换协议文本。表面上看，不过是两国商谈，交换公文，而实质，则是列强借机扩张权益。然而，清廷并不特别在意通商、赔款、税收、外国人管辖权等方面的权益损失，而对各国开办驻京使馆及外使面见皇帝的“虚文”，却坚执己见，不愿让步。

巴夏礼与威妥玛（额尔金秘书）会见直隶总督恒福，提出将天津开放为通商口岸，增加战争赔款，并要求清廷同意巴夏礼率十数人入京为换约做准备。如前所述，清文宗对通商赔款没意见，但对夷人率军入京换约，及巴夏礼先期入城，则谕令禁止。既已兵临城下，联军哪会听劝，9 月 9 日，开拔向北京进军。文宗怕了，16

日，遣恭王与巴夏礼、威妥玛会谈，原则上同意英法代表各带400人的部队入京换约。只是，次日，巴夏礼与怡王载垣、兵部尚书穆荫商量入京细节，巴夏礼坚持英法公使向皇帝亲递国书，清方代表未获授权，断然不肯接受。又谈崩了。难道继续上演进兵—谈判—进兵的戏码？双方都没这个耐心。

18日，巴夏礼依约去访载垣，进行最后谈判。孰料，在张家湾遇到清军总司令僧格林沁，竟被捉了。这可不是“将在外，君命有所不受”，而是由最高层授意的。清廷认为，巴夏礼在洋人中，“情辞尤为桀骜”——近代以来，越是所谓“中国通”，对中国出招越刁钻、下手越狠毒，这个道理不深奥，稍稍一想，即可明白。巴夏礼就是这类“中国通”的杰出代表，说他“尤为桀骜”，没错。错的是，清方误以为巴夏礼“善能用兵，各夷均听其指使”，抓他做人质，“该夷兵心必乱”。

于是，当巴夏礼在僧格林沁马前被推倒跪下，挣扎着表明身份，抗议清军不该粗暴对待和谈代表时，僧格林沁不耐烦地打断他，问：“昨日会面，为啥你不好好谈，非要坚持面见皇帝，破坏和议？”巴夏礼深感无奈，答：“我一切奉命而行，并无撤销谈判条款的权力。”僧格林沁怒曰：Bull shit，本王耳汝名久矣，别以为不知道你的能量，正是你个混蛋鼓噪，你军才悍然进攻，速速为我写信，劝他们停战，不然饶不了你。巴夏礼鼓起勇气，拒绝讹诈，答：“真不骗你，不管我写啥，我军都不会停战。”僧格林沁慌了，说：“看来你是敬酒不吃要吃罚酒。”随即将他装入囚车，送往刑部大牢，并在当晚对他实施了刑讯。巴夏礼固然是殖民帝国的走狗，可同时也是条汉子，他未屈服于暴力。

次日，威妥玛通知清军，所有被俘英法人员必须立即无条件释放，否则联军立马进攻北京。清廷这下知道误判了形势，抓来的人不是关键角色。22 日，将巴夏礼从关押刑事犯的大牢移至专为高级官员准备的小牢房，并于当天及 26、28 日，遣前任粤海关监督也是巴夏礼老相识的恒祺，去做思想工作。29 日，又将巴夏礼从监狱迁至一处祠堂，沐浴更衣，好吃好喝伺候着。然而，联军软硬不吃，陆续发来强硬的信息。10 月 3 日，威妥玛致书巴夏礼，请他向清方转达：如果囚犯受到任何伤害，“我们就把北京城从一边烧到另一边”。

6 日，经与恭王一夜密商，恒祺见巴夏礼，称情愿接受英、法的条件，请巴夏礼写下字据，声明若释放全体囚犯则联军不再报仇。7 日，联军发动进攻，占领颐和园。

8 日 9 点钟，巴夏礼见恒祺，建议北京开城，延入联军，或不致扩大战事。恒祺答，这不可能。无话可谈，巴夏礼聊起天文学，譬如地球是不是绕着太阳转。一屋清官，安安静静，坐着喝茶，听这个英国人搞科普。扯了三个钟头，正午，信使至，恒祺听毕汇报，说，恭王决定在午后二时以前放人。巴夏礼鞠躬致谢，随后，继续谈论月球是否自转。下午 1 点钟，恒祺打断巴夏礼的科普，派人护送包括巴夏礼在内的十三位外宾离开。

巴夏礼坐在蒙着黑布的手推车里，默默感念，认为自己“欠了恒祺的情，事实上他是一位真诚的朋友”。当战争结束，恒祺向巴夏礼解释了 10 月 8 日的秘密。时已逃至热河的清文宗收到最后通牒，知道人质换和平计划完全破产，方寸大乱，竟然决意尽快处死外国囚犯。恒祺在热河的内线向他报告此事，他紧急联系恭王，请下令尽快释放囚犯（恭王受全权负责“夷务”），不要因为接受“乱命”而搞得局面不可收拾。恭王从之。那一天，巴夏礼离开不过十五分钟，来自热河宣布死刑令的钦差就到了。

当时被俘的英法人士共计 39 人，21 人死于监狱。巴夏礼虽然生还，却认为不能“对中国当局犯下的残暴罪行视而不见”，必须予以惩罚。“我们的敌人只是中国皇帝”，而“圆明园就像我们的白金汉宫”，是皇室的财产与象征，烧掉圆明园，也就仅仅惩罚了皇帝，而不致伤害无辜的人民。

10 月 18 日，额尔金下令火烧圆明园。

# 辑二

# — 曾国藩的读书课 —

## 士大夫之学

余英时论曾国藩之治学，谓可分为两个阶段。第一阶段，叫作“猛火煮”。其时，国藩虽为翰林，却常因学殖浅陋，为人所笑，乃下定决心，“屏除一切，从事于克己之学”（道光廿二年家书），要求自己每日须写字若干、抄书若干、读书若干，“虽极忙，亦须了本日功课”（道光廿四年家书）。成效甚著，仅道光廿四年（1844）下半年，他便读完《后汉书》《王荆公文集》《归震川文集》与《诗经大全》，皆施圈批，一丝不苟。第二个阶段，则是嗣后二十余年的“慢火温”，大致可总结为：生书快读以求广博，旧书熟读以求约取；读书范围，以义理、辞章、经济、考据四科为限。余英时之喻，出于《朱子语类》，是说做学问就像熬一锅汤，“须爇猛火先煮，方用慢火煮”；然则曾国藩最末熬成一锅什么样的汤呢？看他自己如何说：“吾生平读书百无一成，而于古人为学之津途，实已窥见其大”（咸丰九年家书）。对此，余英时做了一个有趣的解释，称曾国藩没有走“专家”的道路，而是完成了自己的“士大夫之学”，庶几等同于西方的“通识”教育。因为，渊源于欧洲文艺复兴时代人文主义的“通识”教育，与中国传统“士大夫之学”一样，皆以塑造完美人格为最高理想，而不仅追求精于一艺的专业成就（《曾国藩与“士大夫之学”》，载广西师大版《余英时文集》第九卷）。

只是，要修成塑造完美人格的“士大夫之学”，除了读书，必还有一份具体的行为指南，余英时的文章于此未作评述，不免遗憾。欲考察某人的日常行为，自以研究其人日记为最便，然而，岳麓版《曾国藩全集》所收日记恰恰缺少这部分内容。自道光廿六年（1846）至咸丰七年（1857）的日记，《全集》俱付阙如，其中，绝大部分因曾国藩座船遭太平军火攻而被焚毁，永不可见；而咸丰元、二年间的日记，尚存人间，惜编者不察，遂致遗珠。1965年，台湾学生书局出版十巨册《湘乡曾氏文献》，第六册为《绵绵穆穆之室日记》，正是这份日记记载了曾氏修习“士大夫之学”的全部课程。

国藩日记格式比较特别，合二页为一日，每页四栏，各有标题（即日课），依次为读书、静坐、属文、作字、办公、课子、对客与回信。有事则记，无则从缺，这是日记的“体例”，略作统计，几乎无日不记者有读书、办公、课子、对客四事。其时国藩兼任礼、刑二部侍郎（略当今日之副部长），政务繁忙，办公对客无暇晷，可想而知。两年间所读书有两个特点：一是多读经济之书，如治河、漕运、礼制、钱法之类，且极有针对性，如听闻广西发生暴乱，即开始读戚继光的《纪效新书》，琢磨治军用兵之法；一是根据儿子的教学进度，顺便给自己补课，如教儿子读《尚书》，对拿不准的地方他自己一定预先温习，绝不“以其昏昏，使人昭昭”。然公退犹不废读书，不忘教子，似稍异于常人。至于静坐，并非如理学家所说，能穷万物之理，不过抽空打个盹而已——“未初（午后一点钟），在坐曲肱枕睡”。属文、作字，则多属应酬，以赠序、对联为多。如此，就是曾氏“士大夫之学”的主修课。

不过，看这每一天每一门课，实在平淡无奇，于是，有人要问了：靠这个真能修成“士大夫之学”？答曰：好像不行。再问：若生命不息，上课不止，历数十年如一日，是不是能修成此学，也做一回文正公？答曰：好像也不行。为什么？因为，在这份日记里，曾国藩已作解答，那就是：“莫问收获，但问耕耘。”

## 刚日读经，柔日读史

道光十八年（1838），曾国藩中进士，点翰林，随即衣锦还乡，在湖南打了大半年的“摆子”与“秋风”。“打摆子”，谓此身已是金马玉堂中人，在家乡地方待人接物，架子很大，口气不小，颇有不可一世之概；“打秋风”，则谓从亲戚、朋友、乡绅、土豪与地方官处，收红包，吃酒席。二语皆国藩自道，不是诽谤。

在家耍一年，他才到北京正式上班，从此，才真正明白长安居大不易的滋味。缺钱是题中应有之义，不赘，发现自己学问不够才是最令他苦恼的事情。当然，能在严格而艰难的考试中脱颖而出，年未而立做了翰林，成为传统中国的精英，已经很不容易。所谓学问不够，不是说在当时四亿国民中，他水准如何，而是看与在京的精英比较，他水准如何。很不幸，国藩自觉不佳，生怕再不努力就要失了“词臣体面”。

余先生的老师，近代学者钱穆先生，在民国二十四（1935）年写了一篇《近百年来之读书运动》，解释清代道光朝以来读书风气的变化，特别选取陈澧、曾国藩、张之洞、康有为与梁启超为代表，介绍并点评他们“对后学指示读书门径和指导读书方法的话”。曾国藩在五人中官爵最高，事功最大。钱先生是博学而高明的学者，谈的又是读书问题，特意把曾国藩列进去，可以想见，国藩在发现自己学问不够以后，“困知勉行”，获得了不小的成就。

凡人读书皆有课程，国藩也不例外，用他的话说，就是“刚日读经，柔日读史”。日子怎么分刚柔，难道是硬一天，软一天？非也。解释很简单，就是单日与双日。不过，不是初一单初二双这样的单双，另有讲究。

古代以天干计日，如甲子日，甲是天干。天干有十：甲乙丙丁戊己庚辛壬癸。其中，甲丙戊庚壬，这五个天干居于奇位，属阳刚，故称刚日，也就是单日。乙丁己辛癸，居偶位，属阴柔，故称柔日，也就是双日。日别刚柔，最早大概见于《礼记》："外事以刚日，内事以柔日。"单日读经书，双日读史书，这是曾国藩读书课的基本日程。

## 曾国藩的书单

经书与史书，是泛称，具体是哪些书呢？国藩认为，必读的四书五经以外，还有一些不得不读，要认真读反复读的书，其中以《史记》《汉书》《庄子》与《韩愈全集》最为重要。《史记》《汉书》与《庄子》，几乎是所有传统中国读书人的必读书，而韩集也列为必读，则体现了国藩个人的兴趣。国藩的朋友发现，在写重要文章，甚至写奏折之前，国藩会随手抄起一册韩文，翻来覆去地看，直到看出了灵感，才开始写自己的文章。可见韩愈对他十分重要。

此外，还有四种必读书。先说《资治通鉴》《文选》与《古文辞类纂》。《资治通鉴》是编年史，从先秦讲到五代，是国藩"柔日读史"的主打书目——他也买了"二十三史"，只是不如《资治通鉴》读得熟。《文选》是先秦至南朝的古代文学选集，《古文辞类纂》选录从战国到清代的古文（即相对骈文而言的散文），二书也是传统读书人的基本书目，不必详说。值得多说两句的是国藩自己编选的《十八家诗钞》。从曹植到元好问，从魏晋到金朝，国藩选了十八位大诗人的六千余首诗，本来只是“私家读本”，后来也出版了，供世人参考。

以上是必读的八种书。然而不能只看必读书，还要看其他书，只是典籍浩如烟海，该看哪些人的哪些书呢？这就有个读书门径的问题。曾国藩说，自己在学问上一无所成，然而，对于读什么书，如何治学，却是略知门径。有的人读了一辈子书也不知道到底学问是怎么回事，学术是怎么回事。一个人会不会读书的关键，就是这“略知门径”四个字。当然，略知门径之后，是不是能够登堂入室，这个就有幸有不幸了。不过不知门径却能登堂入室，这就是天方夜谭，不可信从了。

国藩对读书门径有自己独到的见解——正因为他的自觉，钱穆才将他列为近代读书的代表人物。读书门径，或有高下广狭的不同，但最重要的价值，在于适不适合。以此，说国藩对读书门径有独到见解,并不是在学术史的层面说他有哪些超越前人见解的地方，而只是说，这个门径很适合他自己。

孔子之门有四科，叫作德行、政事、文学与言语。对国藩影响很大的桐城派，则强调义理、考据与辞章。国藩自认为明了其中的道路，乃结合桐城的三种功夫与孔门四科，写了一篇《圣哲画像记》，按照义理、考据与辞章的分类，同时符合孔门四科的标准，列出国史上特别重要的三十四个人，以为读书治事的典范。

曾国藩《圣哲画像记》首列文王、周公、孔子与孟子，所谓“文周孔孟之圣”，“不可以方体论”——即不能仅以一个或几个维度来评判他们。他们是集大成者，特别厉害。还有四位，所谓“左庄班马之才”，即《左传》《庄子》《汉书》与《史记》的作者，则高出他人一头。他们的作品是很多人创作与思考的源泉，不能局限在哪一科、哪一门。

上述八人以外的二十六位，以义理、辞章与考据来分类。

义理，包括孔门里的德行和政事。德行与政事兼备的有诸葛亮、陆贽、范仲淹与司马光，都是国史上重要的政治家。另外则有周敦颐、程颐程颢兄弟、朱熹与张栻，政治地位虽不高，然而，“君子之德风”深刻影响了当时及后世的中国人，甚至影响了中国历史与文化的走向。当然，选择这五个人，显然表明了理学倾向。国藩虽然讲究汉宋调和，但在他心中宋学的分量还是要重一点。

辞章，是孔门的言语科，也就是后世所讲的文学。有八个人，韩愈、柳宗元、欧阳修与曾巩，写得一手好文章，李白、杜甫、苏轼与黄庭坚，吟得一手好诗。国藩本质是一个“文艺青年”。他不止一次回忆，刚到北京，心里还是想走文艺道路的。当时的朋友，如梅曾亮的古文，如何绍基的书法，皆是天下数一数二的角色。他说，鄙人固然佩服这两位，但是，自信若能坚持舞文弄墨，未来的文章与书法，所造亦必可观，未必就不如人。只是后来做官，职位越来越高，从军、打仗越来越险，实在没有余暇从事文艺，以此没能达到他们的水平。

考据，则是孔门四科里的文学，与历史有关，与制度有关，更与经济（经世济民，非今日所云经济）有关。人选略分今古，先说古人。许慎，是《说文解字》的作者，郑玄，笺注很多经书，二人是非常重要的汉学家（汉代之学）。然后是杜佑与马端临。杜编《通典》、马编《文献通考》，是古代典章制度方面的重要著作。这四位相对国藩来说都是古人。再说“今人”，尽管也隔了数十上百年，然皆属于“国朝”，所以说是今人。顾炎武，国藩将他列在考据门，更重视他在史学的贡献。秦蕙田，撰《五礼通考》，此书对国藩影响甚巨，在日记、书札与笔记中常能看到他讨论此书的内容。姚鼐，是桐城派古文运动的发起人。王念孙、引之父子，是著名的小学家。

对这一门的人选，钱穆极表赞扬，说国藩很有眼光。清代考据最重小学（文字、音韵与训诂），所谓读书须先识字，又所谓一字不识学者之耻，人选中以许、郑、二王最为擅长。但是曾国藩把杜佑、马端临、顾炎武、秦蕙田与姚鼐这几位似乎不属正宗的学者也放到考据阵营里，那么，用钱穆的话讲，这就是“在经学之外扩开了史学，在校勘训诂之外又辟出了典章制度，把考据的范围扩大了”。一旦扩大，对于古代社会，乃至当代社会的理解，就会不一样。所以他说，国藩在这方面的见识是非常高明的。

## 国藩没有成为大学者

《圣哲画像记》里的前贤是国藩的文化偶像，他们的著作是国藩的文化资源，了解这些人的事业与学问，对于了解曾国藩来说是很重要的前提。然而对绝大部分人来说，不可能通读这些偶像的著作，是一件憾事。幸好曾国藩做了精选本，便利读者。一是前面讲过的《十八家诗钞》，再就是《经史百家杂钞》，不仅选了《圣哲画像记》里三十多位圣哲的作品，还选了其他重要人物的文章。看这两个选本，我们大致也就知道曾国藩都读过哪些书、重视哪些作者、喜欢哪些作品。他一生学问的基础，也几乎都在这两个选本了。

不过，曾国藩的学问在学术史排不上号。用钱穆的话讲，是“切实处多，高明处少”。国藩没有成为大学者，有下列原因。

第一，他的少年时代，读书的环境不是很好，所读主要是教科书与教辅材料，用来应付考试，而一定程度的博览几乎是成为学者的先决条件。他在二十四岁的时候，才借钱买来“二十三史”，才有机会认真读史，这是那些书香世家绝不会碰到的尴尬情况。直至道光二十四年，距他入翰林已历五年，他还在读《后汉书》《王荆公文集》《归震川文集》与《诗经大全》，这些书却是其他博雅的同事早在少年就已毕工了的。

第二，中年之后，他创建湘军，日事戎马，没时间也没精力去认真读书。常言虽说湘军是上马杀敌下马读书，但这说的是激励将士，晓以大义，不要以为参军就是为了烧杀抢掠，而应有一些精神追求。作为统帅，每天要筹款，要指挥作战，要应付各种关系，不可能认真读书做学问。不仅是曾国藩，他的幕客与将帅，只要长期在军中，还能做出大学问的，基本上是没有的。此外，也有独学无友的问题。幕府的宾客，究以功名之士为多，纯粹的读书人很少，切磋学问的时间也很稀罕，于是，他并没有深造学问的环境。

第三，个人兴趣偏于文学，而不在学术。虽然也读《五礼通考》，也看典章制度，出发点却不全是为了研究学问，而是因为他在北京做官，常常兼任两个部门的侍郎，出于工作需要，不得不去了解古今制度的变迁。他真正爱读也常读的，仍然是诗文。他的学问虽不能在学术史有地位，但是他在文学的成就，在近代文学史上是有地位的，以至有说他开创了湘乡文派的。我们看看各种文学史，再看看各种学术史，就能明白。

# —— 曾文正公吐槽录 ——

八卦之心，人皆有之，曾国藩不会例外。做大事的人，地位高的人，一般不会公然八卦，曾国藩也不例外。国藩在两江总督任上，与幕客赵烈文甚为投缘，一些不足为外人道的八卦，皆说给他听。烈文有记日记的好习惯，把这些话都记了下来，以此，才有这篇吐槽录。

## 吐槽国荃

既然要八卦，则不避亲、不隐仇。最亲近的，自然是他的九弟——曾国荃。用左宗棠的话说，国藩的“谋国之忠”，是允称典型的，然而，这类人公而忘私，谋身之拙往往也不让人先。作为权势当时无两的中兴第一功臣，国藩私人财务状况之紧张，出人意料。钱少，自家艰苦朴素一点儿，还能混过去，可是，“亲属贫窘者甚多”，未能分润，终是“心中不免缺陷”。所幸，“九弟手笔宽博，将我分内应做之事，一概做完”。国荃倒不是贪墨，只是对于分所应得乃至俗以为然的各项灰色收入，来者不拒，因此，比国藩有钱得多，而接济穷亲戚这事，也就顺理成章让国荃做了。对此，国藩的总结是：“渠得贪名而吾偿素愿。”

国荃素无国藩那样的大志向，仗打赢了，钱赚到了，念兹在兹的就是求田问舍。可是，他的审美大有问题，“宅外有一池，架桥其上，讥之者以为似庙宇”，而新屋“亦拙陋”，没啥看头。更糟的是，这么难看的房子，不但“费钱至多”，还“并招邻里之怨”。建房需大木，而湘乡之地不产大木，偶尔有之，不是坟树，即是植于人家屋舍旁借以纳凉的老树，皆不愿售。国荃一根筋，不惜重价求购，于是，往往以二十倍市价得之。国荃买田，也有问题。他喜欢规模化收购，一买一大片，可问题是一大片田不止一个地主，其中有愿卖的，也有不愿卖的，如“素封”之家、“世产”之地。国荃不顾，非要强行收购，人家拗不过他，只能含恨出手。如此，田价“比寻常有增无减”，可还是“致恨”。相较而言，其他湘籍高官，回乡买地，数量“何啻数倍九弟”，只因方法对头，态度温和，“人皆不以为言”。唯有国荃，钱花得比人多，地买得比人少，招怨独多，口碑最劣，“其巧拙盖有如天壤者”。

说到国荃的暴发户习气，另有一事。咸丰七年，国藩居丧，亲家母从长沙来，说请他帮忙，在湘乡买点高丽参。国藩怪之，说：“买奢侈品应去省城，怎么到穷乡僻壤来找？”亲家说，“省中高丽参已为九大人买尽”，只好辗转来曾宅匀几只。国藩不信，遣人打听，孰料真有此事。原来，国荃在外领兵，认为高丽参治疗外伤有奇效（“人被创者，则令嚼参，以渣敷创上”），遂在长沙大量收购高丽参，以致断货。只是，这种疗法实无奇效，国藩不由慨叹：“不知何处得此海上方。”

国荃统兵，战胜攻取确实有一套，做官则嫌“懵懂”。同治三年（1864），身为湖北巡抚的他，参劾按察使唐训方，列明过犯之后，折末云，“（唐氏）系督臣得用之人，恐失和衷之道，请皇上作为访问”。按，巡抚参劾按察使，略当今日之省长向中央打报告请求罢免公安厅厅长（其实那个时代地方长官的权力更大一些），只要说清楚按察使犯了哪些过错即可，何必没事找事，说什么按察使是总督的人。难道是总督的得力助手，就连巡抚也要忌惮几分？这么一说，置国法吏则于何地，岂不摆明了说吾省官场有派系有人事斗争？更搞笑的是，不过两月，国荃竟上折参劾总督，试问，这时候就不怕“恐失和衷之道”了？国藩对此，评曰：“令人大噱。”

不过，国荃之中年与晚年，区别很大。后来的乐观大度，自在恬和，似换了一人。此或与国藩的劝诫有关。国藩尝云：“人生皆运气为主，七尺之身，实以盛运气，故我常称人身为运气口袋。”又云：“不信书，信运气。”用今天的话说，可算他的“成功观”。具体到国荃身上，他说过：“（国荃）之攻金陵，幸而有成，皆归功于己。余常言汝虽才能，亦须让一半与天。彼恒不谓然，今渐悟矣。”这些话，即是“谋事在人，成事在天”的科普版，细究也是卑之无甚高论，只看内心能否真正信从。照传统标准而论，国荃晚景甚佳：年寿既高，子孙繁衍，且有出息——许是真悟了他大哥的话？

## 吐槽宗棠

曾国藩与左宗棠是一对冤家，这事不是秘密，大家都知道，只是，曾、左从什么时候结下梁子，知道的人或许不多。看看国藩的自述。

咸丰三年（1853），作为“空降”的团练大臣，国藩在长沙组建湘军，因为资源有限，不可避免与湖南巡抚骆秉章发生冲突。所谓资源，一是人力，二是财力。国藩的理想，是率领本土的精兵强将，利用本省的财政收入，去省外“迎剿”太平军。秉章是地方首长，则认为优势兵力与稳定收入皆应为湖南所用，不要管外省的闲事。然而，一省的兵力有限，财力也有限，不足以同时支持两套战略。于是，曾、骆展开竞争，抢人抢钱。

抢人方面，当时最重要的将领王鑫，转投骆秉章；最有潜力的塔奇布，则忠于曾国藩。勉强算是平手。然而，决胜疆场与运筹帷幄，都很重要。武将以外，还得抢文职参谋。其时，最有名望也最有才干的参谋长人选，当然是左宗棠，遗憾的是，他选择留在湖南，为巡抚服务；另有郭崑焘（近代名人嵩焘之弟），是理财第一高手，也选择在地方工作，不去远征。综而计之，抢人，国藩输了。

其次则须抢钱。国藩善写奏折，哭穷本领大，博得皇帝的授权，硬生生从湖南的财税收入割走几片肥肉，获得启动资金。此外，在省内交通要道设点征收厘金，获得长期有保障的收入，能够支持军队的可持续发展。而向在籍高官、地方素封之家劝捐，也是筹饷的主要办法。只是，劝捐二字说得好听，一旦执行，往往成了“勒捐”。试想，草创阶段，国藩既不能给人颁发文凭，也不能给人发放官衔（这两种执照例由户部、吏部颁发），人再有钱，也不会听劝啊。所以，国藩只能耍无赖，搞勒捐。

勒，就是绑架勒索的勒。谁家有钱，又不听劝，则绑了他家的人，让他家花钱来赎。陶澍，湖南安化人，前两江总督，当时已过世，留下孤子陶桄，主持家事。国藩向陶家劝捐，陶家不给，国藩即遣人捉了陶桄，声称为富不仁、不念国恩，且有勾结地方匪类嫌疑，需暂行羁押，配合调查。他用这招勒索了不少湖南的大户人家，都能得手，却没想到，陶家不是善茬，令他得不偿失。

得，是陶家终于屈服，出钱免灾。失，则谓国藩拿了这笔冤枉钱，还没焐热，就被各方势力联手赶出了长沙。陶桄的姐夫，叫胡林翼，还好，没因此与国藩叫板；可是他的岳父——左宗棠——则对女婿的遭遇大致不满，要讨还公道。事隔多年，国藩淡淡地说：“左季高（宗棠）以我劝陶少云（桄）家捐赀，缓颊未允，以致仇隙”，而在当时，动静可不小。

名义上，宗棠只是巡抚的幕客，用今天的话说，不在编制内。实际上，宗棠拥有巡抚的权力。他任免官吏、调遣军队、分配财物、审讯案件，甚至自行草奏，盖用巡抚公章，鸣炮发送，而在此过程根本无须向巡抚请示。不知道的以为湖南巡抚是骆秉章，明事儿的就知道湖南巡抚是左宗棠。

国藩难道不明事儿？他有苦衷，太缺钱了，为了钱，只能装作不明，只能装作不知道陶家与宗棠啥关系，对宗棠的女婿也是绑架勒索了再说。既然如此，宗棠也不跟他客气。当然，高手过招，不露形迹，宗棠不会傻到直接批评曾国藩的勒捐行为——说实话，他也干过这种事。宗棠的反击，是全力维护湖南官场的权益，尽量不让曾国藩占到便宜——他作为巡抚的首席智囊，在其位谋其政，无可厚非。于公，巡抚骆秉章乐见事态如此发展，于私，他与宗棠同气连枝，连带着对国藩也不讲礼貌。所以，国藩才说：“骆吁门（秉章）从而和之，泊舟郭外，骆拜客至邻舟，而惜跬步不见过。”都是堂堂大员，咫尺之隔，竟然见面说几句客套话这样的虚文也不讲了。双方势成水火，可以揣想。

结局大家都知道，省城官场在巡抚的默许下，对国藩群起而攻，国藩扛不住，只能逃往衡阳，另起炉灶。至于四年后，国藩从江西回来，宗棠借题发挥，痛斥他不忠不孝，论者或认为这是曾、左交恶的开篇，其实错了。唯有国藩知道得最清楚，他们哥俩的梁子，早就结下了。

## 吐槽乩仙

测字、看相、寻地脉、观天象、茅山法，诸凡种种，皆属所谓“封建迷信”。据说，稍具科学素养的现代人，都不信这一套。只是，在今天，谈星座、玩塔罗牌、讲求风水的人，遍地都是。这些玩意儿，即由计算机程序演算，又能比“封建迷信”先进到哪里去？尽管前辈时贤的这类消遣都不怎么科学，然若亲身经历一些“怪力乱神”的事情，又不得不信几分“迷信”。鄙人固然见过几桩，不过，遵圣人之教，谨守“不语禅”，只介绍一件曾国藩的落后事迹。

咸丰八年四月二十九日，国藩在籍守制，一日，听说老九（其弟国荃）家请了乩仙，不由兴起，“步往观之”。一去，只见亲戚邻人围住沙盘，各问功名，扫兴的是，乩仙根本无视，沉吟不答。再三请教，乩仙才画了九个字，“赋得偃武修文得闲字”。这几个字的意思，是说请作一篇题为《偃武修文》的赋，而这篇赋限用闲字韵。围观群众问功名，乩仙不正面回答，却出了一道作文题，大家纷纷摇头，表示压力很大。国藩不愧是博闻强识的学者，最先反应过来，说，这是一条旧灯谜，打一字。

什么字呢？按，这条秘语的制作方法称为“清面法”，即“注销法”，也称“题面叫出法”，官方解释为：“谜面有字没有踏实谜底文义，这个衍字又能用注销词叫出。”于是，欲解此谜，关键在于“注销”谜面的“衍字”。谜面既曰“得闲字”，那么，就是说：“得”字，是闲字，是没用的字，可以“注销”；而前面的“赋得偃武修文”，去掉“得”字，就成了“赋偃武修文”，这才算“叫出”了真正的谜面。接下来就不难了。“赋”字，由贝、武构成，既说“偃武”，则是将“武”放倒，剩一个“贝”字；又说“修文”，则是添一个“文”字。谜底就是：贝 + 文 =“败”。

国藩猜出谜底是“败”字，却不知其意所在，继续咨询：“仙何为而及此？”乩仙一看来了知音，速速作答：“为九江言之也，不可喜也。”按，湘军主力部队由其时的第一名将李续宾率领，于四月初八日从太平军手里夺回了江西九江城，捷报早已传至湘乡，而乩仙竟说“败”，竟说“不可喜”，这是怎么回事？仓促间，又问，大仙您这是“为天下大局言之耶，抑为吾曾氏言之耶（是说大清要亡国呢，还是曾氏会败家）？”乩仙答：“为天下大局言之，即为曾氏言之。”国藩虽没听明白，还是不由自主感到“凛然神悚”。这一轮的问答，令人不得要领。可是国藩一时间也想不出什么有价值的问题，只好与大仙拉家常。这位乩仙，开始是高深莫测，这会儿一变而为平易近人，说，俺免贵姓彭，河南固始人，官至都司（清代武职，正四品），咸丰二年，死于征战，升天后，上帝念我保家卫国，劳苦有功，特授云南大理府城隍。今日赴任，路过湘乡，与你相见，十分有缘，给你泄露一点天机，别人我还不告诉他。云云。聊了一会，国藩还是没搞明白“败”字啥意思，遂“再扣之”，不料方才热闹非常的沙盘，至此“寂然不动”。看来，大仙忙着赴任，已经上路了。

猜着了“败”字，却猜不着何人会“败”，“败”在何处。直到半年后，国藩才知道，天命早定，仙不我欺。其时，李续宾于克复九江后，受命攻打庐州（今安徽合肥），一月之内，率部长驱五百里，连克太湖、潜山、桐城与舒城，锋锐无比，一时无两。只是，太平天国火速调集陈玉成与李秀成两路大军（人数约在十万至三十万间），回援庐州，在庐州西南的三河镇，团团围住湘军（人数不足六千）。十月九日，两军决战，结果是湘军被太平军全歼，主帅李续宾自杀，国藩之弟国华也在此役殉职。

三河之战是湘军战史上最惨重的败绩，也几乎扭转了太平天国的颓势。彭大仙半年前教曾国藩猜的“败”字，有了下落；他所说的“为天下大局言之，即为曾氏言之”，也有了下落。国藩是真服了，多年后谈及此事，说：“其效验昭之如此，且先半载知之，则世俗所云冥中诸神造兵死册籍等语，非为荒唐之说矣。”

## —— 谁想做皇帝 ——

曾国藩想不想做皇帝？这是一个问题。想与不想，除了当事者，他人不能探知，以此，可以说这个问题不属于历史研究的范畴。然而，虽在曾氏及同时之人的诗文书信中找不到线索，但有很多笔记小说都谈到这个问题，相关的民间传说也不少，对这些材料进行考察，穷原竟委，仍算是历史研究。

有些传说毫无根据，所谓“小说家言”，一听就是假的。譬如，彭玉麟写个小纸条给国藩，云：“江南半壁江山，老师其有意乎？”国藩大惊失色，即将纸条揉成一团，吞了下去。（梁溪坐观老人《清代野记》）有些传说则出诸曾氏后人，值得认真对待。譬如，国藩幼女纪芬《崇德老人自订年谱》云湘乡工匠称颂国藩，歌曰：“两江总督太细哩，要到南京做皇帝”；又如，罗尔纲认为太平天国的忠王李秀成是“伪降”，即以国藩的曾外孙女俞大缜转述其母曾广珊的一句话为证：“李秀成劝文正公做皇帝，文正公不敢。”（《太平天国史》卷五十七《李秀成本传考证》）前者“乃湘乡土人鄙俚无知之词，非出曾氏兄弟意也”（黄濬《花随人圣庵摭忆》），不能作为国藩有称帝之念的证据；后者是曾氏家人代代相传的“口碑”，明说国藩“不敢”，言外之意，似谓国藩对做不做皇帝这个问题还是想过的，因此，罗尔纲说：“可见曾国藩确有要当皇帝的野心，他是‘不敢’，而不是‘不干’。”但是，再仔细一想，由这句话得出国藩确有野心的结论，似嫌轻率。平情而论，只能说，迄今并无国藩本人想做皇帝的证据，只有他人劝进的事迹。

或云王闿运亦尝劝进，流传甚广的故事大致如此：闿运进谒国藩，劝他自立，国藩以手指蘸茶水在茶几上写了很多个“荒唐”，随后，国藩因事走开，闿运看见这些字，乃怅然告辞。这也是“小说家言”，但是，较诸前述彭玉麟劝进的故事，有本质的区别，因为，此非向壁虚造之事，而是对可信史料的改编。杨钧是杨度的弟弟，也是闿运的学生，撰有《草堂之灵》，其中有这么一则故事：“湘绮（闿运自号）云，尝与曾文正论事，其时曾坐案前，耳听王言，手执笔写。曾因事出室，湘绮起视所写为何，则满案皆‘谬’字。曾复入，湘绮论事如故，然已知曾不能用，无复入世心矣。”既为闿运亲述，此事当可信，闿运交游甚广，有可能对杨钧以外的人也讲过这个故事。于是，曾、王论事不谐，广为人知，而传闻渐失实，将闿运未曾明言的所论何事，改编成讨论称帝之事。

然而，闿运虽未劝国藩称帝，却尝劝他做另一桩大事。咸丰十一年（1861）七月，清文宗病卒，幼子嗣位，以肃顺为首的顾命大臣与恭亲王、慈禧太后形成三足鼎立之势，明争暗斗。闿运以肃顺为知己，乃致书国藩，劝他率军入京，“申明祖制”，与恭亲王及肃顺联手，“亲贤并用，以辅幼主”，从而阻止慈禧的“垂帘听政”。对于这个大胆提议，一贯谨慎的国藩不以为然，故“得书不报”。此后，恭王、慈禧联手干掉肃顺，闿运骤失奥援，且有被列入“肃党”的危险，于是，“太息痛恨于其言之不用”（王代功《湘绮府君年谱》卷一）。不过，国藩于肃顺之败并非无动于衷，且尝在私人谈话时对僧格林沁将第二次鸦片战争期间天津的败绩诿过于肃顺表示不满，慨叹“天下无真是非”（吴汝纶同治八年三月廿四日记）。

由此可知，国藩“不敢”做皇帝，也无意干预清廷的权力之争，他是一个本分人。但旁人、后人不这么想，总想让他干点破格的事，即便羌无实指，也不妨碍他们津津有味的“意淫”。

## —— 相术 ——

坊间有称曾国藩撰《冰鉴》者，是一本伪书。早在民国初年便被人识破，谓“道光间，吴荷屋（荣光）已为锓版”，根本不是什么曾氏“遗著”（黄濬《花随人圣庵摭忆》）。然而，数十年来此书风行海内，雅俗皆有信其为真者，令人慨叹。

《冰鉴》是相书，讲相貌决定命运，神乎其技。世人好奇，一不留神就入其彀中。国人信，洋人也信，大哲学家叔本华就认为“人的外表是表现内心的图画，相貌表达并揭示了人的整个性格特征”，他甚至写了一篇《论观相术》，畅论相学（载《叔本华论说文集》）。东与西，贤不肖，智若愚，都对相术感兴趣，《冰鉴》之类的书乃能长久流行。国藩负知人之鉴，幕府英才如云，自是事实，造伪者因此附会其名，强拉他做“代言人”，正是抓准了“消费心理学”，所谓“不切事而犹近理”，“众志所趋，虽圣人有所弗能禁”也（《四库提要》卷一百八《术数类》）。

但是，《冰鉴》虽伪，国藩有相术且运用相术，却是真事。然而，不仅今人，就是国藩弟子，对他的相术也不甚了了，如薛福成，既曰“世俗颇传曾文正精相术”，再曰“余谓文正于相术不必精”，模棱其说，终无定论（《庸庵笔记》卷二）。薛氏尚不下断语，鄙人却敢判定，根据何在？请以国藩亲笔之“相学札记”为证。

台湾影印《湘乡曾氏文献》，内有《同官册》，记录国藩接见属员以相法定优劣的事。优者，他在其人姓名边上画“○”，劣者则画“△”，并附评语。选几条看看。“唇薄而定，鼻正而长”“面如条瓜”“身材挺拔”，这是画“○”的相，他以“心术正”“可造就”“可用”许之。“横纹入口”“视下闪烁”“鼻削下锐”，这是画“△”的相，他以“心术或坏”“庸俗”甚至“坏种”黜之。当然，国藩绝非仅凭相法定去留，他还会因社会关系（如京官亲属）、出身境遇（如忠烈之后）乃至独特表现（如言及寡母则“欲涕”），对面相不佳者网开一面。平时，他也留意对各类人物的风评，舆论佳者称“闻可”，反之为“闻否”，一一记录在案，待到面晤再作综合判断（《见闻日记》）。此与相术无关，不赘。吾人感兴趣的是他用什么标准判定相之优劣。《文献》第四册有四页纸，即是他的“相学札记”，文长不能备录，略记大概。“札记”以面、口、头、身、目、鼻、手、足分类鉴别，各举一句为例，如，面“色黄黑而润泽者吉，哑白而枯涩者凶”；“口唇太薄而颤动者靠不住”；“头如山者贵重”（谓脑袋不乱动）；“腰长过人者贵重”；“视上者傲，视下者诐，侧头旁视者则奸”；“隆准而圆美如珠者贵，准削而歪者人心不正”；“指甲坚者心计定”；“行路稳重者贵”。鄙人对相术一无所知，故不能对“札记”作任何评论。唯临时抱佛脚，将《玉管照神局》《太清神鉴》等著名相书略看一过，发现“札记”所云与之大致相合，以此，或知国藩之相学渊源焉。

国藩朋友间亦好谈相术，殆成风气。胡林翼相李鸿章，谓“如许骨法，必大阔”（咸丰十年五月致国藩书）；相冯卓怀（曾氏幕友），谓“唇不掩齿，非期颐之难致，即谗谤之易集”（咸丰九年七月廿八日）。此后，李氏富贵，冯氏落魄，果如其言。吴汝纶、赵烈文、薛福成日记中，有关记载也不少。最有趣的，则是王闿运对国藩面相的评价：“其相法当刑死，而竟封侯，亦以此心耿耿可对君父也。”（光绪四年二月廿七日记）不知国藩当日对镜，以相法“认识你自己”，是否也有同样的感受？

## —— 人不忍欺 ——

市面上有数种曾国藩相人秘诀之类的书，概可归类于社会科学中“领导学”或者“成功学”范畴，我对这些专业不感兴趣，因此没看过这些书。清末以来的笔记小说，业已举出很多例子，试图说明曾国藩在“相学”上确有独到的造诣。案例太多，指不胜屈，有兴趣的人随便抓一本与湘军有关的书，就能发现几条。此文也要讲一个曾氏相人的故事，用的却是反面教材。

湘军克复南京后，清廷工作的重心由武统转移到文治，需要大批文职人员。因此，被“发匪”们“荼毒戕害”了十几年的东南士子，纷纷出动。原任官职的，忙着恢复身份；资格不够或者志存高远的，则投身各位大帅的幕府（湘、淮两军幕府中的佼佼者甚至做到督抚级别的大官）。曾国藩幕府，天下第一，理所当然成为各位准幕客的首选志愿。入幕跟入学一样，需要考试。考试则分为笔试和面试。笔试不一定当庭挥毫，缴上几首过得去的诗文即可交差。面试则由曾氏亲自主持。

某日，一人赴考，自称萧山人，曾在浙江省教育系统工作。

见面之后，他先从天下大势分久必合合久必分之类的宏大叙事开始，煽乎得老曾一愣一愣。接着，谈操作实务，老曾提问：属下“欺蔽”上司，是一个行政难题，阁下有何高见？此人面色一变，语调一转，说：属下欺与不欺，是个伪问题。上司受不受欺，才值得探讨。曾氏肃然起敬，说：愿闻其详。此人不疾不徐，说：“我看当世衮衮诸公，在受不受欺这个问题上，不外乎三种状况：像胡文忠公（林翼）那种人，综核名实，精明强干，人不能欺；左大帅（宗棠），心细如发，性猛于虎，人不敢欺；都不愧是当代豪杰。”说到这，他有意顿了一顿。曾国藩正听到兴头上，赶紧问：那第三种情况呢？此人微微一笑，说：“但是，胡公和左公，都要比中堂您稍逊一筹。为什么呢？因为您以诚感人、以礼待人、以道化人，已经做到了‘人不忍欺’的境界。不能也好，不敢也罢，那都是用外力压制属下的欺瞒之心；不忍欺，则发自内心，是一种道德感召，弥足珍贵。前者是法家的恐怖主义，后者则庶几实现了儒家理想。所以说，欺蔽问题的解决之道，胡、左二公，都比不上您。”

无疑，这套欲扬先抑的“宏论”打动了老曾。明日，即派他督造船炮。几天后，这个萧山人携款潜逃。卷逃案报到督署，属下纷纷建议通缉此犯，曾国藩默然良久，叹口气，摆摆手，说：算了，算了，由他去吧。回到内室，曾国藩黯然独坐，自言自语：人不忍欺，人不忍欺。

## —— 曾像的故事 ——

多年前在网上见拍卖公司拍出《曾文正公遗像》，遂自图像与题跋入手，略征文献，做了一篇小考，而后又陆续发现不少材料，今谨择要补充，尝试说清画里画外的故事。

同治十一年（1872）二月四日，曾国藩在两江总督任上逝世。消息传到北京，两宫太后与穆宗“震悼”，宣布“辍朝三日”。随后，或奉上谕，或由督抚奏请，清廷批准在他战斗和工作过的省份“建立专祠”，以志报飨。两江总督驻地在南京，他平生最大功绩则是率兵收复南京，以此，他在南京享受的“哀荣”尤为隆重。而在南京兴造的各类纪念性建筑，又以莫愁湖边的曾公阁最饶雅趣。

曾公阁不是独立建筑，绝无专祠的宏伟，不过在胜棋楼后借了一楹之地，供奉遗容，供游人瞻仰休憩而已。胜棋楼为纪念明代中山王徐达而作，曾毁于战火，同治十年，经曾国藩重修，遂成为他晚年与幕府宾客的游宴之地。所谓“裴令公之勋名，暇日常开宾宴；范希文之刚介，荒年不废水嬉”也（陈作霖《可园文存·莫愁湖新建曾公阁记》）。正以此段因缘，设曾公阁于胜棋楼，不嫌其小，能得其雅。阁中有“华严庵，供中山王（徐达）卢莫愁及曾文正公三像”（黄协埙《锄经书舍零墨》卷一《莫愁湖》）。可惜，此阁早毁，今人不及见。幸运的是，阁中曾国藩遗像的摹本，今人仍能在拍卖网上看到（下称摹本）。

遗像真迹有不少人见过。同治十二年，周家禄（1846—1909）来游，赋诗云，“胜棋楼占好湖山，勋业湘乡伯仲间，亲拜相公忧国象，始知谢傅独萧闲”（《寿恺堂集·莫愁湖》）。光绪二年（1876），奭良（1851—1930）来游，谓所见“壁绘遗象，轻衣缓带，气度萧闲”。正是对遗像的忠实传述。光绪十三年，阁遭水灾，经许振祎（1827—1899）重修，并书“江天小阁坐人豪”横匾。许氏出身曾国藩幕府，时任江宁布政使。匾有注文，云：“此姚惜抱诗以咏中山者，文正平日喜吟讽之，故书于此”（奭良《野棠轩文集·记莫愁湖楼题联》）。按，姚鼐字惜抱，是桐城派大师，为曾国藩素所宗仰者。诗，则谓《登永济寺阁寺是中山王旧园》，云：“中山王亦起临濠，万马中原返节旄。坊第大功酬上将，江天小阁坐人豪。绮罗昔有岩花见，钟磬今流石殿高。凭槛碧云飞鸟外，夕阳天压广陵涛。”据说，曾国藩尝手书此诗赠人，并加跋语，云，“惜翁有儒者气象，而诗乃多豪雄语”（姚永朴《惜抱轩诗集训纂》卷六）。民国二十年（1931），阁再遭水灾，明年，经南京特别市政府重修。

此后，则有日寇入侵之事，阁毁于寇，再未恢复。黄裳于南京光复后游莫愁湖，记乱后景致，云，“曾公阁没有了，遗像也不知何处去，只有一张照片还挂在胜棋楼中。穿了大布袍子，长髯垂拂，大有仙风道骨之意”（《莫愁湖》）。

但是，摹本与阁中所悬者是不是同一件作品呢？

摹本由吴云题签，署期同治十二年三月十六日。按，吴云（1811—1883），字少甫，号平斋，晚号退楼，浙江归安人。他以擅书画、富收藏，著名后世。然在当时，他曾参与筹建中外会防局、迎淮军入上海及苏松减赋诸事，谋事深，用力勤，极得李鸿章、郭嵩焘诸人的尊敬，他的生平绝不仅是美术家和收藏家可以概括的（俞樾《江苏候补道吴君墓志铭》）。图上有杜文澜、孙振翮与陆恢的题诗，又有王屺的跋文。根据这几首诗文，再征考其他资料，可以尝试讲清楚摹本的故事。

杜文澜（1815—1881）是曾国藩的幕客和僚属，题画诗云“我幸从公十二年”，即指这段经历。又有陆恢（1851—1920）题诗，第二首云：“冷落双枫馆，终年积想劳。摹成新粉本，犹是旧风标。图岂凌烟写，魂凭宋玉招。瓣香私淑意，颊上补三豪。”自注云：“文正遗像向在平斋吴太守家，不知何时散落人间。”按，“平斋吴太守”即吴云；吴氏苏州居所有听枫仙馆，陆诗所谓“双枫馆”，殆即指此；云“摹成新粉本”，似谓此图为吴云据曾公阁中遗像仿作者。盖“粉本”者，依王绂《书画见习录》“摹拓前人笔迹以成粉本”之义，可知即为摹本。也就是说，阁中供奉遗像与吴家私藏摹本是二非一，尽管形式、风格一模一样。陆恢弟子王屺（字念慈）的跋文则谓：“曾文正公遗像，昔年在莫愁湖见之，沈雄英毅，游人无不瞻仰。此帧系退廔老人旧藏，未知是何名手所制？威仪棣棣，神采生动。”若然，更说明了摹本为摹本。又，薛时雨于光绪八年撰《莫愁湖志序》，谓：“（胜棋）楼成之明年，肖公（谓曾国藩）像其中，春秋祈赛。”（按，曾国藩重修胜棋楼在同治十年，“明年”为同治十一年，也是曾国藩的卒年，其时，阁中已供奉遗像。）而吴云题签时间为同治十二年。如此，几可确定吴氏所藏摹本是对曾公阁中遗像的摹本。亦正因为是摹本，用诸家诗文述及阁像之文字来覆按摹本，会觉得图画与文字完全对应。

还有一个证据，则是图画对图画的证据。光绪十七年《莫愁湖志》有一幅段镜江对遗像的摹本，与摹本比较，神态姿势完全相同。有趣的是，段本中曾国藩以左手“捻髯”，在摹本中则为右手，二者互为“镜像”。（按，方熏《山静居画论》云：“昔人名画稿，盖以为粉本者，墨稿上加描粉笔，用时扑绢素，以粉痕落墨，故名粉本。今画家多不用此法，唯朽笔为之。女工刺绣上样，尚用此法，不知是古画法也。”此即“摹拓前人笔迹以成粉本”的具体操作手法。依法而行，原本与摹本的图案正是互为“镜像”。）以此，似能再次证明吴氏所藏摹本是摹本。

此外，至少有三个版本与阁中遗像有关系。光绪七年，刘寿曾为友人所藏曾国藩手迹题诗，云：“装池袭锦绨，册端摹画像。须眉何秀伟，野服御巾鞶。”（《传雅堂诗集·题陈蓉斋先生藏曾文正公墨迹》）（按，据“须眉”“野服”的特征，说不定册页中的画像也是阁中遗像的摹本。）光绪六年，南京人潘某嫌纸本不易保存（“惧缣素之易尽”），摹图上石（“摹镌贞珉”），此为石刻版（罗震亨《曾文正公石像赞》）。三山二水吟客撰《添修莫愁湖志》（光绪十五年刊）中有曾国藩像一张，跋云：“郡人绘公立像，寓盖世独立意。今改坐像，添入湖《志》。”此为坐姿版。

摹本的递藏情况，据图上钤印，可作大略说明。最初，这是吴云的私藏。约在清末，从吴家散出，转为金吴澜收藏（图右下侧有“金吴澜珍藏”印）。金吴澜（1820—1888），字胪青（一字鹭卿），尝入国藩直隶总督幕府，“专令清厘滞狱”，后经国藩举荐，以“颇能通知时事”，历任昆山武进知县。此后，摹本转入赵云舫之手（图右下侧有“云舫珍藏”印）。云舫（1871—1950），苏州人，尝任上海书画研究会驻会务总董。再后，便是历经抗日战争、解放战争……

虽是摹本，然原本已不知所终，即使照片也难得再见，则摹本也变得可贵。可喜的是，不论如何辗转，此图终能逃过劫数，复见天壤间，究是幸事。

## —— 襟怀洒落 ——

曾国藩尝为苏轼《和蔡景繁海州石室》诗作跋。此诗是名篇，其中，“倚天照海花无数”之句，尤为国藩所欣赏。然而，国藩之跋，却非评论文学，而别有所系。跋云：“坡公往游（按谓海州）时，携有妓女，诗中所谓‘后车仍载胡琴女’者也。后，婢已遣去，故又云‘前年开阁放柳枝，今年洗心参佛祖’。伊川常谓‘心中无妓’，余观坡老，襟怀洒落耳。”跋语有个小错误，说“心中无妓”的，不是程颐（伊川），而是其兄程颢（刘宗周《人谱类记》卷下）。不过，这个笔误并不重要。重要的是，国藩为什么要赞扬苏轼遣妓为“襟怀洒落”？

要回答这个问题，首先得明白，此处所谓“妓”，不是寻常所说流连街巷之妓，而是买归家中的娱老之妾。此义既明，接着看苏轼的故事。苏轼有妾，姓王，名朝云。苏轼下放惠州，尝于初秋之日，命朝云唱一阕《蝶恋花》，孰知朝云刚唱了两句，便“泪满衣襟”，难以为继。苏轼不解，问她何故，朝云答曰：“奴所不能歌，是‘枝上柳绵吹又少，天涯何处无芳草’也。”闻言，苏轼大笑，说：“吾政悲秋，而汝又伤春矣。”遂罢唱。不久，朝云逝世（佚名撰《林下诗谈》，载陶宗仪编《说郛》卷八十四）。朝云唱不了“天涯何处无芳草”，浅视之，是担心自己地位不稳固，随时有被取而代之的风险。深一层作想，则是老夫少妾之家，夫死之后，恩爱顿消，其妾之出路不容乐观，虽云“何处无芳草”，实则处处是荆棘也。因此，通达的老头，往往在生前有遣妾之举，给她一些钱，甚至替她找个人家，善为归宿。如白居易，虽因老年娶妾被当代佞人骂作“老嫖客”，但也有“病共乐天相伴住，春随樊子一时归”之诗（《春尽日宴罢感事独吟》），为其妾樊素做了安置。苏轼本人也是如此，他说：“予家有数妾，四五年相继辞去。”（《朝云诗·引》）

不以己之老病，耽误她的青春，此即国藩所称之“襟怀洒落”。然国藩所赞在彼，自家心里别有一份情愫，却隐而未发。

国藩有一妻一妾，人所共知。其妾早亡，他欲再买一妾，则知者不多。同治八年（1869）三月三日，他给儿子纪泽写信，说：“日困簿书之中（按国藩时任直隶总督），萧然寡欢，思在此买一妾。”并提出了具体条件，一是不要京、津之人，因为听说“京城及天津女子，性情多半乖戾”。所属意者，是江南女子，“或在金陵，或在扬州、苏州购买皆可”；一则“但取性情和柔、心窍不甚蠢者，他无所择也”；最后，有一段申明，谓应向女家讲清楚，此“系六十老人买妾，余死，即可遣嫁”。并引用苏轼《朝云诗·引》之语，说“未死而遣妾，亦古来老人之常事”（《湘乡曾氏文献》，第 1173—1177 页）。于是，前揭跋语云云，可与国藩的现实生活做个对照，也可以窥见他的言外意，盖“襟怀洒落”，即是“余死即可遣嫁”也。

然而，直到同治十年，他仍未买到合意的妾，其后，也不再谈娶妾的事。原因如何，未有确证，但从其弟国荃于十年九月写给他的家书，似能看出几分消息。国荃劝他买妾，说：“耄耋期颐，乃兄固有之寿，倘得少阴以扶助老阳之气，益觉恬适有余味矣。”又劝他不必担心因此隳坏晚节，谓，娶妾“固无关于一生之大者，随其心之所安而已”（《湘乡曾氏文献》，第 5368—5371 页）。可见，此时的国藩似对娶妾娱老之说产生了怀疑，更看重的是身后之名会否受损。

白居易和苏轼都不曾因老夫少妾而影响“一生之大”，国藩则患得患失，相形之下，襟怀不够洒落矣。当然，这些事迹和情感的发生，都有一个共同的语境，那就是传统中国。今日之人，不必借口古已有之，遂行“襟怀洒落”之事，亦不必拿着《婚姻法》，去追究古人的重婚罪。

# —— 痞子腔 ——

曾国藩办理天津教案，上不协于天心，下不理于众口，同侪借机倾轧，旧友驰函责备，他实在挨不住，对外说了一句“内疚神明，外惭清议”的套话，私下，则写好遗书，交代后事，准备以死明志，洗刷“汉奸”“卖国”的污名。

彼时的“洋务”，略当今日之外交，这门事业，三百余年来，从来不是一件好办的差使。当其所谓“盛世”，主事者要配合圣上的天威，不能不骄横；而在所谓“衰世”，承乏者为圣上做挡箭牌，又不得不谄媚。总之，发而不能中节，不发飚则发怵，往往违背“中庸”的故训。国藩固然是一代伟人，仍须受制于时代精神，不能幸免。所幸朝廷看出苗头不对，怕他真想不开做了傻事，特派他的徒弟李鸿章来接班，收拾残局。

据鸿章自述，国藩见了他，不待寒暄，即问：“少荃，你现在到了此地，是外交第一冲要的关键。我今国势消弱，外人方协以谋我，小有错误，即贻害大局。你与洋人交涉，打算作何主意呢？”

鸿章的回答很直白："门生也没有打什么主意。我想，与洋人交涉，不管什么，我只同他打痞子腔。"（按，"痞子腔"是安徽土话，在今日语境，不妨理解为：你与我讲道理，我跟你耍流氓；你跟我耍流氓，我与你讲道理。）

国藩闻言，抚须沉吟，良久无语。鸿章见状，知道错了，急忙请益。国藩徐徐说道："依我看来，还是用一个'诚'字。我现在既没有实在力量，尽你如何虚强造作，他是看得明明白白，都是不中用的。不如老老实实，推诚相见，与他平情说理，虽不能占到便宜，也或不致过于吃亏。脚蹈实地，蹉跌亦不致过远，想来比痞子腔总靠得住一点。"鸿章俯首受教，自称日后办理各种洋务，皆"用一个'诚'字同他相对，果然没有差错"云云。

蒙所不解的是，国藩的教言与鸿章的"痞子腔"，本质区别在哪里？列强耍流氓，咱实力不济，当然只能跟他讲道理，若对着耍横，岂非找死？而一旦东风战胜了西风，咱这不又开始耍流氓了么？即以鸿章办理外交的实际言行而论，在"同光中兴"之世，对东西各国，他忽而讲道理，忽而耍流氓，且不论成效如何，单说一个"诚"字，实在罕见。再说，鸿章出身翰林，久居高位，是所谓"流氓有文化"者，究非一般痞子可比。思来想去，"痞子腔"似无大错。国藩所以反对，不过因其言不雅驯而已。

转头再看国藩的"诚"字诀用得如何。犹在太平天国战争期间，淮军的著名外援戈登将军离开中国之前，专程去安庆拜谒了国藩，其时，他任两江总督，节制包括湘、淮军在内的四省军务。戈登此行，先已约好与国藩商讨解散外国雇佣军的善后事宜，以及清军在战事上还需要哪些帮助。然而，国藩临事更张，从头至尾，只与戈登研究英军制服有几种花色，佩剑是否美观合身，未来若戈登向女王申请爵位，自己能不能帮上忙。无疑，国藩讨论这些话题，态度是十分诚恳的。

戈登的观感呢？他认为，曾国藩在各方面都能与李鸿章形成比较。鸿章“身材高大，举止稳重，神态威严，目光如电，一言一行都表现出他的思维敏捷与行动果断。他的着装也显示出了他的财富与品位”。国藩呢？“中等个子，身材肥胖，脸上皱纹密布，神色阴沉，目光迟钝，行为举止都表现出优柔寡断的样子。对我在中国取得的成就进行恭维，谀辞令人作呕。他的服饰陈旧，皱皱巴巴，甚至有斑斑油渍”。戈登对二人做了总结性评价：“作为军人来说，他们的功绩可能是旗鼓相当的，但在管理国事办理外交上，李鸿章所表现出的能力与见识就不是曾国藩能望其项背的了。”

悲剧了。在外宾看来，打“痞子腔”的李鸿章，背信弃义的李鸿章（苏州杀降，导致戈、李决裂，戈登甚至说过要手刃李鸿章），竟然比“老老实实，推诚相见”的曾国藩得分要高得多。

“诚”之一字，还真是难言。

# —— 逮着机会骂上几句 ——

## 进士厉害还是举人厉害

左宗棠生平最不得意的事，是会试未售。做了大官以后，他逮着机会就要骂几句进士。为什么骂进士？自己没考上呗。

同治五年（1866）冬，宗棠从闽浙总督任调陕甘总督，赴任途中经过江西九江。九江道、九江知府与德化知县俱来迎送，他却“弗引为同调也”。为什么？他们都是进士出身。只有九江王同知，受到了左伯爵平易近人的礼遇。为什么？他是举人出身。寒暄几句，宗棠问同知：进士好，还是举人好？王某明戏，说，举人好。宗棠故作惊讶，问，何出此言？同知说，这人一旦中了进士，若再点翰林，则须在诗赋、小楷上用功，否则，或在京做部曹，或赴省做知县，而皆“各有所事，无暇以治实学”。只有举人，能够“用志不纷”，专心讲求经世济民的真学问，何况“屡上公车”，既读万卷书，又行万里路，途中可以“恢宏志气”“增广见闻”，所以说举人比进士好。

这番话实在自相矛盾。“屡上公车”说的是举人因未考中进士，不得不连年复考，从头到尾，都是功名之念萦怀不去，哪里谈得上“恢宏志气”？宗棠当年三考不中，黯然出都，其时也没拿什么“志气”以傲人。

当然，如今位尊官大的宗棠，已经忘了当年的垂头丧气，只记得历览名山大川，访闻各地豪杰的意气勃发，于是，闻言“含笑称善”。会后，宗棠向人“极口赞誉”王同知，说九江地区看来看去也就王某是个人才。江西官场经中兴功臣这么一通批评，不由大震，纷纷打听王同知到底有哪些优秀事迹。调研结果出来，王某不过逢迎了一段举人更厉害的胡说，如此而已。各官不禁爽然久之，哭笑不得。

不过，到了陕甘任上，宗棠并未昏聩，还是受了谏言。同治十年某日，与幕客闲谈，问：“近来外间对我的评价如何？”幕客云，别的都好，只是总说举人比进士厉害这事，惹得大家“啧有烦言”。宗棠愕然，曰：“汝语真耶？”幕府云，绝对保真。这话宗棠大概听进去了，次日，翰林散馆选授甘肃文县知县的陶模（未来的陕甘总督），谒见总督，宗棠虽知他是翰林，却未“弗引为同调”，而是“一见欢若生平”，此后更是历次保举，吹嘘备至，似已忘却浔阳旧事。

其实，宗棠一生知己，如胡林翼，如曾国藩，如郭嵩焘，如沈葆桢，全是进士出身，还都被点了翰林，他可没有真拿举人身份去傲视这几位朋友。当然，这几位朋友也从来没有瞧不起他的出身。英雄不问出身，他何尝不知道，只是，盛气每能凌人，实至而名不归，遂偶以自卑为自傲，也是贤者不免的事情吧。

## 曾国藩厉害还是左宗棠厉害

除了进士，左宗棠还喜欢骂曾国藩。国藩生前，已知宗棠“朝夕诟詈鄙人”，然而自觉“拙于口而钝于辩”，即欲回骂，“终亦处于不胜之势”，只能“以不诟不詈不见不闻不生不灭之法处之”，求个清静。国藩逝世，宗棠撰联表彰，虽谓“自愧不如元辅”，实则不能忘情，没过多久又接着骂了。

宗棠骂国藩，不择时，亦不择地。

有时在家里骂。一日，被家庭教师范赓听到。这位老师性情诚挚，语言质直，听到东家骂得太不堪，实在忍不住了，站起身，严肃地说：“您与曾公之间的矛盾，谁对谁错，鄙人不敢评论，但是说他‘挟私’，这话我可不爱听（‘则吾不愿闻’）。虽未见过曾公，然而他的谋国之忠，有口能说，难道天下人都是佞人？以此，‘不敢附会’，还请老板自重。”

有时在军营骂。宗棠“每接见部下诸将，必骂曾文正”。而部将大多出身“老湘营”，曾国藩是他们的老领导。这些人固然不敢当面得罪大帅，可也不愿违心去说曾文正公的坏话，于是，只能在这个尴尬的场合强忍着恶心，心中默念：“大帅自不快于曾公，斯已耳，何必朝夕对我辈絮聒？吾耳中已生茧矣。”

有时连骂数日。在两江总督任上，恩人潘世恩之子曾玮求见，本要请示地方公事，孰料“甫寒暄数言”，宗棠就大谈自己在西北的功绩，“刺刺不休，令人无可插口”。好不容易表功完毕，曾玮正拟“插口”，宗棠手一挥，说别，然后开始骂曾国藩。时已衰老，不能长久对客，副官不等骂完，“即举茶杯置左相手中，并唱送客”。公事还得继续，次日，曾玮又去了。宗棠心情不错，办了一桌酒，与他边喝边聊。曾玮想，这总能“乘间言事”了，孰料宗棠惦记昨日骂人“语尚未畅”，“乃甫入座，即骂文正”，一直骂到散席。过了几天，曾玮、贾勇来辞行，想抓住最后的机会，孰料一见面，仍是骂曾国藩，骂完，不待“插口”，又讲西北功绩，结语则用来骂李鸿章与沈葆桢。（按，二人地位略逊于曾国藩，都是宗棠的老搭档。）还没骂完，副官担心大帅的身体，“复唱送客”，曾玮赶紧趁着宾主道别那一刻，强行“插口”，“一陈公事”，才说了几句，宗棠兴致又起，“复连类及西陲事”。曾玮一听，头都要炸了，“不得已，疾趋而出”。

宗棠素以诸葛亮自况，而看他对国藩的态度，却似终生抱憾于“既生瑜何生亮”，亦可悲欤。

## 军机处的大话痨

光绪七年（1881）正月，左宗棠自西北入都，陛见后，太后命入职军机处，在总理衙门行走，管理兵部事务，俨然丞相也。然而，七十老翁，精力已衰，不免要闹笑话。

去年，李鸿章连上数折，奏请朝廷增加海防军费。他管北洋，为海军要钱是理所当然，不过，说他没有对未来的战略思考，只想为自家兄弟弄些钱来花，是绝不公平的。而在五年前，左宗棠犹在西北苦战，鸿章就提过这茬，宗棠当即发起雄辩，兼又格于局势，政府不能不将投资重点放在湘军一边。及至西域稍定，鸿章旧事重提，宗棠仍欲应战，这就是近代史著名的海防与塞防之争。

军机处领班恭亲王对此并无成见，另一位军机大臣李鸿藻是“清流领袖”，对“浊流”的幕后黑手李鸿章是有意见的，二人商量的结果是，左宗棠凯旋在即，不如当面听听他的意见。于是，军机处一直未对鸿章做正面答复，直到宗棠来军机处上班，才开始拟稿。

可是，宗棠是怎么办公的呢？拿起鸿章的折子，翻开第一页，他就从海防说到塞防，再从塞防说到自己在西域的功绩，“自誉措施之妙不容口”“甚至拍案大笑，声震旁室”，完全忘了各位大臣聚在一块儿开会，是为了讨论国防预算。不知不觉，大好光阴就在左相愉快的笑声中溜走了。各位军机大臣一合计，许是左相久别京都，过于兴奋，稍逾分寸，可以理解，那就明日再议吧。

次日，翻到第二页，宗棠拣着折中的话头，继续开故事会。三日，四日，直至第十五日，都是这个套路。军机处王大臣们再有耐心，再有涵养，也受不了了，“初尚勉强酬答，继皆支颐欲卧”，终则“同厌苦之”。不得已，请恭亲王做个决断。恭亲王是军机处最年轻的人，早受不了这半月来的“喧聒”，遂命章京收了此折，剥夺宗棠的参政权。宗棠倒是宰相肚里能撑船，下次来上班，不见了这个议题，“亦不复查问”，此事“遂置不议”。

自此以后，可想而知，一旦宗棠参加会议，同僚都会感到痛苦，而且也完全没有效率。于是，经过各种运作，九月，诏命左宗棠出军机，授两江总督。临行，宗棠辞别太后，“自陈过蒙矜恤，非意望所及”。此语似略含哀怨。太后圣明，一听就明白，赶紧占领舆论高地，说：“两江公事，岂不数倍于此？”

正因为你素来办事认真，又能降服夷人，这才派你去华洋夹杂之地，办他人办不妥的事。宗棠受哄，闻言释然。不过最末太后加了一句："尔当多用人材，分任其劳。"就不知宗棠有没有体会这句话的深意了。

## —— 少磕一个头罚了一年俸 ——

光绪十年（1884）六月二十六日，是清德宗的“圣诞”，满朝大臣在乾清宫跪倒一地，齐祝万寿圣节。大学士左宗棠“秩居文职首列”，固应做好表率，行礼如仪，只是，七十三岁的他，腰腿已不灵便，实在经不住跪拜逾刻的仪式，遂致失礼。礼部尚书延煦据此纠参，上了一折，请太后与皇帝惩罚这个无礼老臣。

只是，延煦的折子，下笔极重。说宗棠“不由进士出身”，虽经帝后破格施恩，授以大学士，他却不但不知感恩，反而日益骄慢，以致“蔑礼不臣”。“不臣”二字，隐有造反之义，可不能随便说，一旦说出来，则要么深究宗棠不臣的实迹，要么反诉延煦的诽谤，其间绝无妥协的办法。

慈禧太后接到参折，觉得不好处理。她不信宗棠真能“不臣”，对延煦的小题大做有些恼火，可是大不敬的事情已经发生了，也不好随便放过。于是，与小叔子恭亲王商量。她问了个技术问题：既然事关礼仪，为何不用礼部名义，而用延煦个人名义（“单衔”）

参劾？恭亲王一听，就明白太后不想穷究此事，赶紧顺着意思，说“为保全勋臣计”，建议此折“留中”（不公开），以免掀起波澜，而对宗棠仅施薄惩就够了。太后要的就是这个效果，表示照办。

不过，还有一位小叔子，同时也是太后的妹夫，皇帝的生父——醇亲王，对此不敢苟同，大表愤怒，反参了延煦一折。他说，延煦不能就事论事，而是“饰词倾轧，殊属荒谬”。太后对宗棠的劳苦功高，固然早已“洞烛”，平日也能体恤老臣，常示优容，不致因此“摇动”对宗棠的信任，但是，将来皇帝亲政，恐怕不能如此明晰，一旦因此误会三朝勋旧，则是“此风一开，流弊滋大”。他这话的意思，就是说不能让延煦这样的佞人肆意胡说，离间君臣，必须严肃处理，以儆效尤。

慈禧再次略感头疼。延煦也不是什么佞人，而是当时满族大臣中少有的直臣——未来他还对慈禧犯颜直谏，逼她去慈安太后的坟前磕头——尽管这次参劾稍嫌过分，可要说延煦“倾轧”，她也不敢信从。然而两造都在上纲上线，不可调和，除了各打五十大板，似已再无办法。于是，七月中上谕，左宗棠罚俸一年，延煦革职留任。

仔细衡量，延煦所受处罚还要重一点儿。或曰，最重要的原因是历代太后垂帘从来没有“戡乱万里外者”，只有慈禧可以“自负武功之盛”，在排行榜上稳居前茅，而所以取得这份成绩单，则多亏了左宗棠在西域的战功，因此，慈禧对宗棠这副隐形的翅膀抱有感恩的心，不愿轻易被人污损。对延煦的板子打得重一点，也是预先警告其他不尊重左宗棠的人。

自此，虽然七十三岁老翁还会说一些昏话，做一些糊涂事，而“朝臣无敢论宗棠者”。

## —— 得体的拒绝 ——

咸丰年间，左宗棠在湖南巡抚骆秉章麾下，身为幕客，却有巡抚之权。有人说，秉章日与姬妾饮宴作乐，军事政务皆拜托左先生，宗棠尝云，巡抚不过傀儡，我若不扯线，他是分毫不能乱动。世人闻之咋舌，秉章不以为忤也。

秉章某妾之弟，来湘谋职，久无所归，妾请秉章想办法，秉章说："用人之权皆听左先生的意见，我不能干预啊。"妾再三请之，秉章不得已，某日，借口视察工作，到宗棠办公室，亲口提起此事。宗棠闻言，说："呵呵，小事一桩，既然都高兴，大人何不请我喝杯酒？"秉章以为应允，欣然设宴。入座，秉章斟酒，宗棠连着干了三杯，突然起立，做个长揖，说，刚才这是饯行酒，左某就此告辞了。秉章大惊，但是很快就明白过来，此行实属"侵权"，得罪了左先生，当即改容道歉，说"刚才的话当我没说，千万不要因为一时误会，伤了和衷，先生请放心，此后一切听指挥，再不敢干涉你的工作"。这才重归于好。

或谓，但凡事关用人，俱能唯才是举，宗棠从幕客到宰相，不仅不受请托，也不向人请托，一直坚守了原则。尝云："苟有人才，我自能位置之，如其不才，复以贻祸他人，我不为也。"

光绪七年（1881），故人之子黄某以知县候补福建，数年未得一差，听说左伯伯授了大学士，便去北京找他想办法。拜谒时，宗棠尚不糊涂，记得他是老朋友的儿子，亲切慰问，态度很好。黄某定了心，说及候补的苦处，请左伯伯帮忙向福建长官写信，说几句好话。宗棠曾任闽浙总督，对福建官场很熟悉，黄某求一封推荐信，自以为能遂愿。哪知道宗棠面色一变，厉声说："你小子并无才干，竟然'有田不耕，有书不读，而羡慕做官'？"随又给他指了一条明路，"倘能回乡务农，我送十亩田给你。此外念想，都是非分之求，切勿再提"。黄某讨了没趣，"惶悚而退"。

只是，明年宗棠出任两江总督，却几乎违反了原则。其时，他的女婿陶桄（前两江总督陶澍子）历署江西湖口、临川知县，升任道员，需次浙江，已获委海塘会办。这些职务，皆是优差，显系赣苏二省官员看在宗棠的面子，照顾他的女婿。然而女婿犹不满意，还要争取浙西盐补统领的位置，此系著名肥差，人事关系在江苏，办公、拨款却在浙江，须经两江总督与苏、浙巡抚会委。宗棠徇其请，亲向苏抚卫荣光与浙抚刘秉璋关说。卫、刘商量，认为不合适，遂由与宗棠关系较好的秉璋回信婉拒，云："浙江海塘关系杭、嘉、湖三府民命，某观察（陶桄）精明稳练，深资倚任，一时未便遽易生手，免误海塘要工”云云。复函措辞极为得体，只是，不知总督能否听得进去，二人仍是担忧。而此时的左宗棠，表现却如当年的骆秉章，回信云，“不意（陶桄）为公器重若此”，并再三致谢。此议遂寝。

丞相暮年，或不免糊涂，所幸终能保住晚节，仍然令人敬佩。

# —— “今亮”左三爹 ——

清人武陵陈鼎熙，撰《栩园藏稿》，所记左宗棠逸事，流传不广，而极有趣，摘录数条以为谈资。

宗棠自比为诸葛亮，常号“老亮”或“今亮”，战胜攻取，一旦得意，辄曰：“今亮似犹胜于古亮矣”。此事知者甚多，但是他提着独家订造的灯笼，大书“老亮”二字，往来长沙城中，人称“亮灯”，则言者不多。

闽人林寿图曾入宗棠幕，一日晤谈，恰好传来捷报，宗棠大喜，寿图拍马屁，说：“此诸葛所以为亮也”。宗棠微笑点头，然而又埋怨今人自比孔明者为数不少，如他的好朋友，郭嵩焘弟崑焘，自号“新亮”，刘蓉则径称“赛诸葛”。寿图继续抖机灵，说：“此葛亮所以为诸也”。闻言，宗棠大不悦，宾主不欢而散。有好事者传说，寿图后来被宗棠参劾，就与这句玩笑话有关。其实不然。

宗棠在江西，因系第一次领军，十分慎重，迟迟不与太平军开战。一次，敌军逼近，将校请令者再，宗棠仍然踌躇不决，喃喃自语：“左某养气读书，平日所以自负者何在。”就这么消磨了半日，最终下令“开兵”，还是用的颤音。大英雄也怕头一遭，吾等凡人更应临事而惧了。

宗棠出幕学战，自江西至浙江，一路上勤俭节约，不开小灶，“遇士卒方食，即取匕箸同餐，尽饱而止”。即在军中宴客，亦不过“白肉数片，鸡子汤一盆而已”。然在陕甘总督任上，则一改旧习，“饮馔服御，均尚豪华”。自奉如此，待人亦不薄。岁暮，向京中各部曹官及同乡官致送“炭敬”，人均八两，每年费银二万两以上。每得胜仗，各界发来贺函，他一一过目，视文辞高下，发放大小不等的红包。为其兄刊刻遗集，遍送戚友，有读者签出数处讹误，致书提醒，宗棠复书感谢，并奉上红包十六两。（按，晚清一两银子相当于今日五百元，十六两约等于八千元。）校对费这么高，令人艳羡。

晚年宗棠与曾国藩弟国荃相遇于南京，他问国荃“一生得力所在”，国荃曰：“挥金如土，杀人如麻。”宗棠大笑，曰：“吾固谓老九才气胜乃兄也。”（按，俗论固以“杀人如麻”为宗棠的本领，其实“挥金如土”也是他的心得。）

最后一次回湘阴老家，乡人围观，宗棠担心后排观众看不清清宫太保的真容，乃“直升大方几上”，大声说：“试都来看左三爹爹。”（按，宗棠有两个哥哥，宗棫与宗植，故自称左三。）宗棠公余与人扯淡，多说“诡异惊奇不经之事”，惹得听众偷笑，宗棠不以为忤，亦笑曰：“某姓左，所谓左氏（《左传》）浮夸。”闻者以为妙语。

李鸿章则对宗棠晚年的“浮夸”不以为然。与人书，云：“左文襄晚年尝以寿过孔子自誉，而曾文正公则深有感于陆务观‘得寿如富贵，不知其所以然，便跻高年’之语，而推论盛名大权之难久居，文襄之言戏而近夸，不如文正之言平实深警矣。”

# —— 李鸿章代笔事件 ——

李鸿章死，不足百日，梁启超就为他做了论定，曰：“李鸿章实不知国务之人也”；又曰：“李之受病，在不学无术”（《李鸿章传》）。罗尔纲不同意，说，“批评鸿章徒知效法西洋物质建设，而不明西洋所以富强的本源，那是错误的”，“启超此论，殊厚诬鸿章”。为了说明鸿章身为“中兴名臣”，位高权重，何以不能勠力自强，振兴国家，罗尔纲强调首要原因在于当时的封疆大吏“自顾本省，力尚勉强可及，兼支全国，则势有所不能”，而“鸿章以一直隶总督，内则扼于翁同龢、李鸿藻辈，外则各省督抚各自为谋，孤立无助，只以北洋一隅支持全国以与方兴的日本战，安得不败”（《淮军志》）。

启超撰鸿章传时，才二十九岁，对湘、淮人士在社会上的影响力，必有非常直观的感受，而对晚期帝国的实际操作则未了然，或以此产生了不切实际的希望，以为军功集团硕果仅存的大佬李鸿章真正拥有改变中国的力量，却没想到鸿章不仅慨叹“得君之难”，还常受清流之挤，方自固保位之不遑，何敢再有出位之思。或要等到戊戌政变，亡命海外，发现皇帝也自身难保，或再等到民国肇造，受了袁世凯的玩弄，这时回头想想中堂，启超才会生出同情的理解罢。

然而这个话题长使英雄泪满襟，还是说说鸿章“内则扼于翁同龢”这个可以八卦的话题。其事得从同龢的三哥同书说起。

同书（1810—1865），年长于同龢二十岁，道光进士，咸丰末官至巡抚。同治元年（1862）正月十六日，同书奉调令回京，不过一星期，就被革职逮问。原来，初十日，新受命节制四省军务的两江总督曾国藩，上折严劾前安徽巡抚翁同书，说同书早在咸丰九年（1859）六月定远失守时，不顾守土有责，“弃城远遁”，逃往寿州，随又勾结土匪苗沛霖，“屡疏保荐，养痈遗患”。而当十一年春，沛霖为报私仇，围攻寿州，同书既不能守，又不肯走（其时已奉回京另有任命之令），竟然遵了沛霖的“逆命”，逮捕地方团练绅士孙家泰，致其全族为沛霖杀害，事后反而“具疏力保苗逆之非叛，团练之有罪”。前此，咸丰十一年正月间，同书上疏，一折三片，连篇累牍，说的却是“苗沛霖之必应诛剿”，有“今日不为忠言，毕生所学何事”之语。两相对照，“大相矛盾”“判若天渊”，而且，事定之后给国藩写信，“全无引咎之词，廉耻丧尽，恬不为怪”。于是，国藩建议，对这种失守逃遁，酿成巨祸，而又

“颠倒是非，荧惑圣听”的坏官，务必请旨“革职拿问”，命王大臣九卿会同刑部议罪，“以肃军纪而昭炯戒”。为了坚定中央惩办同书的决心，国藩最后加了一句：“臣职分所在，例应纠参，不敢因翁同书之门第鼎盛，瞻顾迁就。”

安徽是两江总督辖区，故曰“职分所在”。至于“门第鼎盛”，请开列当时翁氏三代的职衔。同书父心存（1791—1862），大学士，管理工部事务，是所谓当朝宰相（按，清代不设宰相，民间俗称大学士为宰相，大学士兼管部务可称真相，若兼军机处领班大臣则是首相）；兄同爵，兵部员外郎（未来仕至巡抚）；弟同龢，咸丰六年状元，提督陕甘学政（未来也是宰相）；子曾源，恩赏举人（明年即中状元）。而且，（咸丰六年）“冬，赐御书福字，并文绮食物，自是岁以为常”（翁同书《瓶斋自订年谱》）。于此可知翁家的“帝眷”有多深厚，于此也可知国藩参折那一句“不敢因翁同书之门第鼎盛，瞻顾迁就”有多冷峻。

奏上之日，即是君臣缄口不能为同书开脱之日。当然，不仅上有政策，下有对策，偶值下有警策之时，君上也有对策——无非大事化小，小事化了的八字诀。请看进程：二月，同书议以失陷城寨律治罪，拟斩监候。十一月初，心存病卒，特旨同书出狱治丧。明年二月再入狱。到了这年秋后问斩的前夕，太后没有“勾决”，只说“仍牢固监禁”。十二月，以“皖北肃清”，“加恩发往新疆效力赎罪”。三年三月启程，至山西，有旨，改发甘肃营中效力。四年十月，卒于军，特旨复原官，照军营立功后病故例赐恤，谥文勤。

尽管没有送去菜市口砍头，其兄英年早逝，这份参折终脱不掉干系，其父卒年虽逾古稀，这份参折多少也有速死之效。自私谊而言，谓同龢与国藩有不共戴天之仇，并不过分。然而同龢心中似已放下了这事。当国藩以中兴元勋身份再回首都，同龢去“晤湘乡相国，无一语及前事”，并无仇人相见分外眼红的冲动，心中所想，不过是“南望松楸（按，翁氏祖茔在常熟虞山），相隔愈远，往年犹得展拜墓下，今何可得哉。忠恕二字一刻不可离，能敬方能诚，书以自儆”（翁同龢同治七年十二月晦日记）。显然公义战胜了私怨，时间冲淡了遗恨。

可这与篇首试图揭示的翁、李不和有什么关系？原来，世传国藩参折有人代笔，代笔者正是鸿章，而同龢不敢公然与国藩作对，遂将一腔怒火发泄到鸿章身上，并从此揭幕了未来二十多年帝党与后党（或曰清流与浊流）相斗的连续剧。有不少近代乃至当代笔记传述了这件轶事，只是大都语焉不详，没有一家能举出确证。鄙人倒是在同龢日记里发现一条，似可证明同龢对代笔人耿耿不能忘，然而嫌犯却非鸿章。其词曰：

> 得徐毅甫诗集读之，必传之作（自注：毅甫名子苓，乙未举人，合肥人，能古文）。集中有指斥寿春旧事，盖尝上书陈军务，未见听用，虽加体貌，而不合以去。弹章疑出其手，集中有裂帛贻湘乡之作也（同治九年七月二十二日）。

徐子苓是皖中名人（“合肥三怪”之一，生平见马其昶撰《龙泉老牧传》），早在北京，即是曾国藩“朋友圈”的常客，也是湘军创始人江忠源的生死之交，后来加入国藩的幕府。所著《敦良吉斋文钞》中有两首《上翁抚军书》（俱在卷二），即所谓“上书陈军务者”。《敦良吉斋诗存》卷二：“山中寇盗相仍，将移家，闻曾帅兵抵皖南，先书问王大子原，时贼严关侦索，裂衫帛代书，并题一诗，纳老奴衣絮中”，署年“庚申”（咸丰十年），此即所谓“裂帛贻湘乡之作”。

咸丰十一年冬，应是参折草稿之时，考其行踪，其时子苓、鸿章俱在国藩幕，但是鸿章正全力筹组淮军，且早就离开合肥作了难民，似不如子苓长时间生活在“敌占区”，了解情况，兼“能古文”，可以专心代笔。同龢所以怀疑子苓，不是没理由的，且定有风言风语入耳，才会在日记里为他挂个号。至于鸿章，在代笔这事上似是背了黑锅，尽管他并非没有直接得罪同龢。唯纸短事繁，容俟异日。

补记

赵烈文光绪十三年八月廿六日记：（同书入狱）亲识满朝，无策解免，有缘先朝故事，父在系子得状元蒙赦者（传言是吾里庄本淳侍讲事，余考之非是），（曾源）遂以之膺选，援例陈请，果邀宪典。

# —— 中堂的主考梦 ——

科举考试，以及因之引发的得失荣辱，让很多人失去平常心，近代史上三大巨公也未能免俗。曾国藩一生怕听“同进士”三个字，左宗棠每以不中进士耿耿于怀，李鸿章则在主考官这顶帽子前方寸大乱，风度尽失。

每届科考，都由皇帝向各省派遣主考官。主考官操持“衡文选士”之权，“主持风雅”。对于不甘心仅为“俗吏”的官吏来说，是宦途中莫大的荣耀。考官中，尤以顺天府乡试主考官最为尊荣。顺天府，就是彼时的京师，今日的北京。清制：顺天府主考，必由进士出身的大学士、尚书、侍郎等一二品大员充任，较他省级别为高。

李鸿章大半生顺风顺水。二十五岁，中进士，点翰林；四十出头，封伯爵；五十岁，拜大学士，总督直隶。这时候，再出任一回顺天主考，那就算得上功德圆满了。谁知道，自具备主考资格后，一晃二十多年过去了，熬成七十老翁，他也没轮上一回。其间，凭着总理各国事务衙门大臣（下称总署）的身份，他还做过一次“演习”。

中国第一所官办新学堂——京师同文馆归总署管理。某年，他安排属下将同文馆年终考试的中文科答卷送到办公室，闭门三日，逐卷评分，过了一回干瘾。只是，演习终归不是实战，不能真刀真枪做一次主考，犹不免于遗憾。

光绪廿三年（1897）七月三十日清晨，刑部侍郎瞿鸿禨家里来了一位不速之客——七十五岁高龄的李鸿章。进门后，李鸿章请瞿鸿禨屏退左右，低声说："今日登门，是要告诉老弟一个秘密：今年顺天府主考官已经内定，老夫与你俱在选中。但是，数十年来，戎马奔驰，交涉中外，老夫的八股功夫退步得厉害，实在不知能否胜任。到时候，老弟你务必多费点心，为鄙人做个圆场。"一般来说，主考人选不到内廷宣旨之时，旁人不会知晓。但是，鉴于李鸿章的身份以及郑重其事的态度，瞿鸿禨不敢也不便多问，只好连连点头示诺，姑妄听之。

据说，此前某太监遣人密告李鸿章，倘能"报效"若干两银子，则当在此次主考圈选中做些手脚，令其当选，并顺便透露瞿鸿禨深得太后欣赏，此次必能当选。李信以为真，当即如额缴款。"贿选"以后，兴奋之余，想到自己年老学退，真要做了主考，怕是不能胜任。因此，一贯细心的李鸿章这才屈尊拜访瞿鸿禨，请他届时帮衬一下，免得自己出丑。

然而，事实证明，李鸿章这次闹了个大笑话。拜访瞿氏后第二日，旨下：瞿鸿禨充任江苏主考。八月六日，顺天主考人选公布，其中并无李鸿章的名字。四年后，李鸿章辞世。

一生未酬的强国梦，终于幻灭的主考梦，伴随着口中的晗玉，与他一起永息泉壤。

# —— 他伯伯是李鸿章 ——

安徽合肥县署大堂内曾挂着一副对联，云：“合则留不合则去，肥吾民勿肥吾身。”作者是知县孙葆田。葆田，山东荣成人，著名清官，先进事迹写入《清史稿·循吏传》。

有人至合肥采风，问当地民众，县令如何。众人说，以前的县官，皆是“巨绅”的“家奴”，一心一意只为豪门服务，唯有孙大人，为吾穷民做官。合肥所谓“巨绅”，自然说的是李鸿章家，一门之内，兄弟将相，富贵逼人。

论情谊，葆田与李家不浅。初，葆田家居治学，鸿章耳其名，向山东巡抚丁宝桢推荐他，出任求志书院院长。后，任宿松知县。光绪十一年（1885）乡试，葆田荐卷中有一位中了举人，这人正是鸿章之子经述。

前任知县专为李家服务，招致县人不满，频至省城上访。民意沸腾如此，又不能截访，搞得两江总督曾国荃与安徽巡抚陈彝头疼不已。国荃与李家，有所谓“曾李一家”的生死交情，不好意思撤换维护李家利益的“父母官”，然而，袒护全然不顾地方利益的地方官，也说不过去。思来想去，既是贤令，又与李家有缘的葆田，当是合肥知县的不二之选，于是，国荃调葆田去合肥，望他不得罪李家，也能体恤百姓。然而，官家与平民的冲突非仅见于近日，而是自古已然。葆田要两面讨好，很难。

李家在合肥，有两项主业，一是地产，一是典当。豪门不喜实业，不放贷则收租，亦是自古而然。光绪十四年，有人欠了李家的租，李家人上门收数，茶没喝好，竟将债务人殴打至死。遗孀赴县鸣冤，葆田升堂接状，命传被告，竟不到案。问书差，知道凶嫌是李家人，客气请他来对质，并不刑讯，因何不来？书差答，犯罪嫌疑人李天钺，可不是一般人，他伯伯是鸿章。[按，天钺，鸿章弟鹤章之子，拔贡（凭关系得的文凭），捐纳郎中（花钱买的官），典型的高干子弟。]

葆田说，瞎扯，出了命案，谁还管他伯伯是谁。谚曰：“知县案前有宰相，宰相案前无知县。”宰相格于层级，不能直接指挥知县，知县有授权，可以管治辖区内的宰相家属，即宰相本人在籍，也应接受知县管理。李家明白这个道理，虽不情愿，也只能交出天钺。当然，幕后的运作，同时开始了。

第一招，贿买原告。这招伤害性甚大，一旦原告翻供，不仅罪犯可以逃法，办案的葆田亦将受累——官若“失入”（将无辜的人入了罪），轻则革职，重则治罪。以此，葆田急招遗孀，问："您到底是要发财呢，还是要申冤？"妇人怒曰："我不知道李家有钱吗？要发财，还来告什么状！"葆田说，有骨气，赞。遂请夫人与遗孀"同寝食"，不与李家接触，以免中招。

第二招，托人和谐。葆田弟叔谦，自大学士直隶总督李鸿章幕府远道而来，看望许久不见的大哥，待至县署，礼炮齐鸣，中门洞开，葆田冠服出迎。叔谦惊诧。葆田为他解惑，说，"兄弟相见，自是用不了这排场，不过，贤弟今为中堂客，七品官与当朝一品的入幕之宾相见，恶敢不加礼？"见过，即令人领去宾馆休息，好吃好喝，只是不再见面。

鸿章兄瀚章，前湖广总督，在籍赋闲，见叔谦"竟不得一言而去"，不得已，亲自出马。葆田待他，就不如前客气了，不仅不出见，令人传话，也生硬得很："有案，请避嫌。"

葆田如此风厉，难道真把李天钺判了杀人罪？否。别说杀人罪，即故意危害公共安全罪也没戏，当然，退而求其次，交通肇事罪也是说不通的，毕竟债务人当时没穿滑轮。鸿章何许人，李家啥背景，总有办法了了此难。读者不要上了《循吏传》的当。

鸿章究竟如何运作，难考其详。只知道，巡抚陈彝说了句，这案子不能轻撤；当即解任，明年补顺天府尹（从二品降至正三品）。一向疾恶如仇，尝劝曾国藩对曾国荃"大义灭亲"的彭玉麟，钦命巡视长江，至庐州，闻人说起此案，竟借口“不在其位不谋其政”，浑忘了他在长江两岸办过那么多刑事案件，令权奸寒胆，为百姓撑腰，哪一桩不是越俎代庖？至于葆田，虽办齐了确证，而层层上报，处处受阻，经年累月，不能定谳；转念一想，县官终是抗不过中堂，一己之安危固然可虑，而丝毫无补于冤死者，尤令人愧疚；人死不能复生，巨款稍慰寒门，于是，建议遗属撤诉，收下李家的赔款；自己，则心灰意冷，挂印还山。

回家后，葆田作了一副集句联，贴在门上：“斯是陋室，臣本布衣”。

补记

文廷式《知过轩随录》（《越风》第十八期，1936）：李瀚章面劾陈彝，可谓欺妄。陈任巡抚，固无他长，而李劾之则私也。合肥县知县不畏强御，固自可取。李氏之子弟杀人，曾氏之子弟亦杀人，曾氏子弟好货，李氏子弟亦好货，其劣迹殆不可擢发数也。世禄之家，鲜克由礼，岂不信哉。

# 辑三

# —— 奇人钱江 ——

粤人黄世仲化名“禺山世次郎”（禺者，黄为番禺人；次郎者，仲也）撰《洪秀全演义》，是一部奇书。此书自光绪三十一年（1905）在报纸连载，其时，清廷仍有六年之命，而书首诗云：“汉家正统自英雄，百战如何转眼空？凭吊金陵天子气，啼痕犹洒杜鹃红”，既曰“汉家正统”，则谓满人统治无合法性，既曰“金陵天子”，则谓太平天国不得谥为逆贼。于是，在时人看来，这端是一首“反诗”，其书则为“禁书”，作者则是“乱臣贼子”。然黄氏是同盟会员，又是新闻界才子，思想前卫，笔力雄健，正欲以此书做匕首、投枪，正欲做一个“乱臣贼子”也。只是，他求仁得仁，乐得做“贼”也就罢了，却将钱江拖上“贼船”，未免做人不厚道。

钱江，字东平，浙江长兴人。他是近代史上一个奇人。他有四奇：一奇，咸丰三年（1853），他以监生入幕，协助雷以诚创订厘金制度（简单地说，就是商业税），资助军饷，镇压太平军，史称“厘祖”。此一制度延续至清末方被革除，而余风不歇，直到民国仍被各地军阀用为敛财之具，实在是中国财政史上一桩大事。其事载于多书，早成定论，唯周育民撰《关于清代厘金创始的考订》（《清史研究》2006 年 8 月），力翻旧案，谓经核对时事，钱江不可能为雷氏定策，言亦有据；以不关本文大旨，暂不赘论。二奇，不多久，钱江就被东家办了个就地正法，一命呜呼。据雷氏奏折：钱在军中，“交接贤豪”，以养其望；“招延勇士”，以收其威。还作了一首谶，云：“满地红樱子，须防白帽来。若要此河开，必须刘基才”，极有“谋逆”的气象，故不得不先行正法，以消患于未萌。谶语诡怪不可解，但有“刘基”（刘伯温）字样，不由让人想到烧饼歌的故事，更想到钱江于道光末年曾接触“太谷教”的故事（张曜《山东军兴纪略》卷二十一）。所谓“太谷教”，杂糅儒、释、道，自成一派，不立文字，聚众隐修于山东黄崖山。同治五年（1866），全教被官兵当作“邪教”剿灭，万人同时遇难，史称“黄崖教案”。钱江是否入教，不可考；但他天赋“长身瘦面，手垂过膝”的“异像”（施补华《钱江传》），平日不事生产，好谈大略，兼喜图谶，这就为他的第三奇——成为太平天国金牌师爷——设定了一个易于理解的背景。《洪秀全演义》中的钱江，依作者之意，直可比作诸葛亮，而与冯云山（拟徐庶）、李秀成（拟姜维）鼎足而三，成为天王（拟刘备）的心腹臂膂。限于篇幅，不能转述书中内容，且看回目：一曰“钱东平大败曾国藩”，一曰“钱江独进《兴王策》”，一曰“钱东平挥泪送翼王”，简直就是以《水浒传》笔法写一部《三国演义》，看官却道奇也不奇？只是，奇则奇矣，奈何失真。罗尔纲撰《钱江考》，揭破《演义》及《满清野史》等笔记小说伪造钱江“革命史”的骗局，铁证如山。奇人不奇矣。

但是，钱江还有第四奇——他没有死在雷以诚的刀下，而是虎口逃生，亡命江淮间，后至上海；同治年间，以儿子殉节，受六品封衔；光绪十六年，以高年积德，被学政授以“里闬仪型”之匾；最终，于宣统元年（1909）老死于江苏清江普应寺，享年九十六。陈光贻据《长兴县学文牍》及孙德祖《寄龛诗质》《杂记》撰成《再谈钱江》（《长兴文史资料》第三辑），证据确凿，将业经众多史家众口一词定下的“铁案”翻了个边 。此不仅为乡贤白其冤，更令吾辈知道征文考献之难，知人论世之不易。功莫大焉。

## —— 天下第一愚人 ——

刘愚，字庸夫，江西安福人，身高腿长，“目烂烂如岩下电”，“纵论悬河不竭”，自号“天下第一愚人”。

咸丰五年（1855）正月十日，学政廉兆纶到安福县试士，刘愚头场已过，正写第二场的卷子，写到一半，突然想到大江南北都有“贼踪”，而官贪将懦，国事大坏，不由得心绪大恶，遂扔掉题纸，写了一首《定安策》，畅论时局，谓“今天下之事，有可恨者三”：一、地方官多设名目，“重敛浮征”，差役上下其手，民不聊生；二、文臣武将，俱是要钱怕死的人，“官方之坏，莫此为甚”；三、官兵无法抵挡太平军，却又不真心支持团练，进不能攻，退不能守，眼见全面崩溃，国将不国。临末，说局势如此危急，得亏还有一件“可幸”的事，可以挽狂澜于既倒，那就是我刘某人还保持清醒，请学政大人速向中央报告我的建策，以救民于水火。草稿毕，刘愚还在卷尾标注了家庭住址，生怕学政找不到这位建言献策的热血书生。

廉大人阅卷大怒，贴出“大字报”，谴责狂生刘某“不遵功令照题作文，而上策妄谈时事”，声称要请地方官“传讯惩办”。安福县属吉安府，知府陈宗元闻讯传见刘愚，详细了解他的工作、生活与学习情况，不仅不责怪他，竟说这位二十出头的年轻人是“强项好男子”，随又向学政卖个面子，请勿追究。

刘愚逃过一劫，不致因此开除学籍，然而自此对科举事业灰了心，不久，便去章门投效援赣的湘军，经理学朋友刘蓉介绍，进了罗泽南的幕府。后，罗军驰援湖北，他又转投曾国藩大营，并拜曾幕中的郭嵩焘、吴嘉宾为师。刘愚既号“天下第一愚人”，当然有他愚不可及的地方，那就是“所至辄上书，不得志辄引去”。曾国藩虽然度量见识超过廉兆纶，可也受不了这位聒聒不休的年轻下属，而且，不能像对其他晚辈一样施以调教，因为他是“气激而有言，不能自遏，人亦莫能遏之”。于是，数年后为他保了个补用同知，分发四川，请另谋高就。

四川布政使是王德固，需次人员要入职都得找他，可他的特点是“倦于接属”，至有需次人员在成都混了几年也没能见到这位上官。刘愚也等了三年才被接见。照当时的规矩，属吏见长官，须行跪拜礼，长官答礼，也要跪拜。刘愚进了布政使司，二话不说，倒地便拜，连磕了几十个头，王德固没明白怎么回事，只好陪着磕头如数。总算站起来不磕了，王德固才要问刚才算怎么回事，却没等开口，刘愚俯身引手，请他走向窗户。二人在窗前站定，刘愚谛视王德固的面容，足足有几分钟，才说，请大人归座。

王德固入仕三十余年，不是没见过世面，心下以为这个下属许是患了癫痫，不妨恕他无罪，乃从容问曰："您有病吗？"（"君有疾耶？"）刘愚没有反问"你有药吗？"，而是诚恳地说，"刚才那顿磕，大人不问，卑职也要解释清楚。卑职到省以来，已经三年没见到大人，而每年三节两生，照例应行三叩首之礼，却没机会向大人祝贺，因此，今日一见，卑职就把这三年的礼全给补上了，还请大人笑纳。至于为什么磕完头还要端详尊容，请想一想，人的一生究竟有几个三年，今日一见之后，未来大人或高升，卑职或迁调，此生极可能'无缘再见'，因此，卑职一定要将大人看仔细，以便日后有人问及尊容，卑职'或能道出风度于万一也'。"

时为同治末年，他的仕途至此为止。后来，刘愚自费出版了文集《醒予山房文存》，卷首就是那篇《定安策》。

# 田将军是不是基友

前日游凤凰，夜去江边饮酒，经过东正街，看见路边一所房子，匾曰：田兴恕故居。想起前房主短暂而非凡的一生，忍不住要写篇文章介绍他的轶事。

田兴恕（1837—1877）字忠普，号更生，湖南镇筸厅（即今凤凰县）人，苗族。十六岁挑入镇标。积功官至贵州提督，兼署巡抚，时为咸丰十一年（1861），兴恕才二十四岁。旋以杀害法国传教士，遣戍新疆，途次为左宗棠奏留甘肃。同治十二年（1873）释归，光绪三年（1877）卒，享年四十一岁。

他的传记，最早也是最主要的一种，是缪荃孙应其子应全之请，据其老部下罗孝连所撰事略，而作的《前钦差大臣贵州提督兼署贵州巡抚田公祠版文》。此后的朱孔彰《咸丰以来功臣别传》与《清史稿》本传，皆以缪传为底稿，改写而成。然而，这篇传记严肃有余，不够活泼，亟须补充一些材料，才能展示田将军的本色。

如缪传云兴恕“未尝读书，用兵辄与古人暗合”，而兴恕撰《满江红》词（《更生词草》），有自序，却说“稍长，投笔从军”，可见少年时曾读过书；又，同治十二年，兴恕刻自选集《更生诗草》，自序称所作《放歌行》，不仅甘肃道员董文涣“见而爱之”，而且“同人索观者”也不少，可见中年还“志于学”。

兴恕《词草》，所收只有这一首《满江红》。据其自序，是向岳飞致敬。当入伍的时候，其母姚夫人勉励他，说：“吾梦宋岳忠武公而生汝，汝异日得志，其勉为忠义，勿负此佳兆。”并在他臂上刻了“精忠报国”四个字。兴恕又总结了岳、田两家一些偶合的事迹，暗示自己就是当代岳飞。如岳飞之父名和，兴恕之父名庆和；岳母姓姚，田母也姓姚；岳父与田父都是早逝。又如，岳、田二人皆从士兵到将军，而又“少年建节”——此系谦辞，岳飞三十岁充神武后军都统制，而兴恕二十四岁即提督贵州军务，显然更厉害。最后，兴恕说二人都是“梗和议而获戾”。岳飞的冤案众所周知，不赘。兴恕却在中外已经签订新约保障在华传教权利的情况下，密令本省州县官，对外国传教士与本国信徒，“务望随时驱逐”，“倘能借故处之以法，尤为妥善”（《灭教公函》），不仅无视外交条约，也破坏本国法律，因此酿成教案，被法国公使点名要求处以极刑，最终清廷将他遣戍。显然，用这件事证明自己与岳将军同样冤屈，受了“模棱三字狱”（田兴恕《涪陵遣怀》）的害，完全没有说服力。

缪传没有描述传主的外貌，而兴恕却在易宗夔《新世说》的容止门占了一条：“田忠普美秀而文，一时有玉人之目。”原注：“所至之处，万人空巷绕观之。年四十即卒，貌犹昳丽如弱冠。”所谓“玉人”，所谓“昳丽”，原是用来形容古代美男子，如邹忌、卫玠之徒，想来兴恕也是光彩照人，风华绝世，令人印象深刻。但是，再读一段同时人的话，对所谓“美秀而文”或有新的认识：

> 晓老言，贵州钦差大臣田兴恕，辰沅人，长夫出身，以貌美得幸于善化县知县王葆生，历保，使领兵，有战功于楚南，遂渐至大帅(赵烈文《能静居日记》，咸丰十一年八月二十三日)。

欧阳兆熊（1808—1876），字晓岑，湘潭人，是曾国藩的老友兼幕客，对湘军人事了若指掌，这段话是他与新入曾幕的赵烈文闲谈时说出来的。“以貌美得幸于善化县知县王葆生”，盖指太平军围攻长沙，兴恕随镇标赴援省城，结识了时任知县葆生，次年，兴恕则以哨官的身份随葆生南下，克复郴州，“历保，使领兵”，则谓明年兴恕独将五百人为一营，称“虎威军”。

而据田景阳《记先祖田兴恕轶事》，云，兴恕随镇标入长沙，驻防天心阁，以破坏太平军地道的功劳，受到巡抚骆秉章表彰，特赏五十两银子，夜里兴恕就拿着这笔钱去赌博，其他赌徒见财起意，欺负他年纪小个子小，“把他打昏摔在城墙脚下”，恰逢葆生巡城，才救他一命。（按，名人后代传述的口碑，往往不敢当作信史，聊备一说可也。）

葆生是当时湖南官场的中坚分子，即远在北京的翁同龢，一见之下，也能感觉葆生是健吏，是能吏，且特别记录他的外貌："长须丰下"（同治六年五月初四日记）；多年后，想起葆生，又记了这么一笔："长髯慷慨，田兴恕其马卒也"（光绪十九年六月初七日记）。

国字脸大胡子的王大人，与秀美昳丽的田将军，金风玉露一相逢……写到这里有点恍惚，竟然想到了杨莲亭和东方不败，太穿越了，打住。

然而迄今所知赵烈文的日记只是孤证，再没有别的记载说田将军好这一口，反倒有一条证伪的材料，谓兴恕一日与副将某饮酒，彼人乘着醉意，越桌牵住兴恕之手，"语多狎邪"，竟要非礼，兴恕大怒，拔出副官佩刀，"即席上杀之"（《清稗类钞》）。

而且兴恕少年即知慕少艾，与一般男童无异。早孤家贫，他割卖马草，补贴家用，邻居朱都司是他的长期客户。一日，送货迟了，都司买了别家的草，兴恕为跑了一单业务而"倚门嗟叹"。都司家的小女儿不忍心，劝他爸爸，说："贫儿待此以餐，盍留之备来日用。"都司从之。兴恕大喜，发誓说："妮子解事，苟富贵，当与共之。"十年后，兴恕贵，回家探亲，知道小朱犹未嫁人，遂践诺娶了这位有同情心的姑娘（朱克敬《暝庵杂识》卷三）。

更多的笔记，则谓田将军广置姬妾，并不像基友的作风。当他在贵州，有一位幕客甚至写了长篇谏书，责备他“奈何慕风流之盛名，耽酒色之乐事，今日货艳姬，明日亲美妾，以致频频物色而不厌哉”（孔集成《拟谏贵州军门护理巡抚部院田忠普书》，载民国《兴仁县志》卷二十二）。

再评量那条孤证的价值，大概不能证明田将军是基友，或能描画出力争上游不放过任何机会的精神。

# —— 名将如美人 ——

军人之间的关系，与女人之间的关系差不多。

曾国藩尝发挥其义，曰：“不忌不足以为骁将，不妒不足以为美人，无足怪也。在下则护翼之，等夷则排挤之，为将常态，亦无足怪也。”所谓“在下”，指旧时家中，妇女固有妻妾尊卑的等差，而实际待遇，则视乎男主人施宠程度与守礼分寸而定。男主人好色而不忘德，则大妻在上位以掌门户，小妾处下位以承雨露，各安其分；旧日为人妻者，大德曰不妒，若遇不侵上不犯顺之妾，且将以为贤淑，乐为“护翼”之，进而结成统一战线，以备将其他“狐狸精”拒之门外。毕竟，不妒也得有个限度，妻妾成群的状态实非常情之所能堪也。反之，男主人若好德不如好色，过宠于妾，不仅身常驻于偏房，犹欲将账房、厨房、门房亦拱手让于妾，则妾将“等夷”于大妇，妻将奴役于小星。是可忍，孰不可忍。以故，妻必愤而“排挤”之。家无宁日矣。

为将之道，与此大同小异。手下有强将锐卒，必然时刻“护翼”

之，以期长为我用。若有一日，此强将锐卒因功被越级提拔，独领一军，职衔竟与我相当，则既非我所能用，复将与我争功，不伺机“排挤”之，还能有什么别的因应之策？进而言之：凡存在利害因素，相互之间地位又非固定不变的人际，其相待之法，莫不遵守此种原则。今日“护翼”之，明日“排挤”之，非人情之变也，实天性之恒也，何足怪哉。

不过，兵者危事也，这份妒忌一旦在战场上发作，就比妻妾之间的争风泼醋可怕得多。

李续宾、蒋益澧俱是湘军骁将，“续宾名望日重”，一日，开战前会议，意见不合，无法定议，续宾“字益澧曰：‘香泉欲何从？’”那时候，熟近之人互相称呼，或称号，或以其他敬称如某兄某公相呼，突然改口“字”之，则是不敬。续宾之言，若曰：小蒋，你还是听我的吧。益澧不乐意了，“亦字续宾曰：‘迪安乃欲相统耶？’”干脆挑明了说：你小子这么嚣张，岂竟将我视为下属么？当下不欢而散。出战，益澧被敌军猛攻，向续宾请援，续宾回信：“力不能相救，守走唯公意。”益澧“大沮”，二话不说，带上军旗、大鼓，登上瞭望塔，撤去梯子，号令三军：“吾死此矣。诸军欲走者，自去！”士气因此激发，坚守一昼夜，保住了营盘。经此一战，益澧人未死而心先碎，上书告归，不待批准便径直回了家。

国藩不愿倚靠绿营讨伐太平军，而要创立一支新军，一个重要原因便是看不惯绿营的“败不相救”。而他对湘军将领的要求，第一条便是要“彼此相顾，彼此相救”，他曾在某将禀牍上批示：“湘军风气，虽平日积怨深仇，临阵仍彼此救援；虽上午口角参商，下午仍彼此救援。”他虽认为“不忌不足以为骁将”，但坚决反对将个人情绪带到战场上。凡遇此等将领，他必“严参”不贷。

当然，事实不能尽如人意。类似李、蒋之争的案例，在湘军中从未杜绝。亦如所谓妇人大德曰不妒，只能是男人的非分之想，而非现实。

# —— 记名提督王总兵 ——

前些时日，网友尹君发来照片，是一块神道碑，上书“诰授建威将军江南苏松总镇王梦虎公神道”，又谓墓早挖毁，只余残碑，命查何人。

“总镇”即总兵，清代苏松镇总兵驻崇明，查民国《崇明县志》卷十《武官表》：光绪二十年（1894）总兵王衍庆，字梦虎，湖南军功，二月到任。衍庆在野史有一定地位，如民国严庭樾撰《中兴平捻记》，第二十回即说到他，回目云：曾侯相节制三省，王衍庆独当五河。

正史也有篇幅。嘉业堂钞本《清国史》第十一册《新办大臣传》，有《王衍庆列传》，略谓：衍庆，湖南湘阴人，武童生。咸丰六年（1856）至湖北，入李孟群军，不久，孟群战死，所部解散，巡抚胡林翼命鲍超组练霆军。七年，衍庆转隶鲍超麾下。此后，随军攻打小池口、黄梅、意生寺、黄土冈、太湖诸要隘，转战三省，每役立功。八年，积功升至都司，委带霆营中军。九年，适逢湘军主力六千人才被太平军全歼于三河，霆军在皖鄂间东奔西突，苦撑危局，而衍庆是军中主将，正月，左胁中枪，裹创“不少退”，率部再克太湖、潜山，为湘军在大败之后立定脚跟做出很大贡献。

咸丰十一年，太平天国英王陈玉成全力回救安庆。当时，围城之师由曾国荃统率，游击护卫之师则以霆军为主力。玉成命刘玱琳在城北集贤关外赤冈岭设垒据守，力抗湘军。四月，衍庆偕霆营诸将“日夜环攻”二十日，终克之，并生擒刘玱琳。玱琳，太平军当时第一悍将也。奏功，得旨以副将尽先补用，并赏给勇猛巴图鲁名号。

八月，胡林翼逝世，而霆军转隶曾国藩麾下。衍庆在江西、安徽作战，勇猛如昔，渐谙部勒之法，遂为国藩所瞩目，累牍保举。同治元年（1862）三月，诏以总兵记名简放，五月，赏加提督衔。三年二月，诏以总兵交军机处存记，遇缺先行题奏。旋以老伤复作，回籍疗养。五年六月复出，国藩奏荐，谓“堪胜专阃之任”，七年，诏以提督记名简放。

提督为从一品，是武职最高阶。衍庆自普通一兵做到提督，用了十二年，十分迅速。自此，先后转战东南、华北与西北，递属曾国藩、左宗棠、李鸿章指挥，所向有功，伤病累累。然而，从未获得实缺。直至光绪二十年，垂垂老矣，两江总督曾国荃悯怀宿将，奏调他到江南，办理营务处，旋署苏松镇总兵，此时距记名提督之日，已经过了二十五年。而在总兵任上不过二年，衍庆即病逝。

其间，老上级为他争取过，自己也努力过。同治七年，曾国藩进京，慈禧太后问他，此行是否从江南带了将帅，国藩以衍庆之名对。六月，及接任直隶总督，即上密奏，谓衍庆“系霆营骁将，资格最深，性情和厚”，“十余年来，臣皆珍重而护惜之”，恳请太后简用他为正定总兵，以备缓急。奏上，不报。光绪六年十月十九日，王衍庆进京，慈禧接见了他，只是，仍未解决他的职务问题。

衍庆还算幸运的，临死终于做了一回货真价实的正印武官，还有不少同乡，只能将从未兑现的顶戴与功牌带进棺材。

# —— 陈士杰轶事 ——

曾有网友发微博云：桂阳县陈士杰故宅亟待保护。陈宅已于多年前定为省级文物保护单位，规模不小，建筑精美，但是，从微博照片来看，败瓦颓垣，荆棘遍地，有关部门似未尽保护之责。

陈士杰（1825—1893），湖南桂阳直隶州人。道光二十九年（1849），选充拔贡，赴京参加朝考，以一等第一名，用为七品小京官，分发户部，历仕至巡抚。朝考时，曾国藩为读卷大臣，士杰缘此为曾门弟子，未来参与组建湘军，文能草檄，武能杀敌，是湘军集团的重要人物。

士杰一生“以鉴别自许，然未尝言人之短”，常谓：“人各有能，吾但取其长。”曾任两江总督的鹿传霖，请士杰指出自己的缺点，士杰说你有“自视过高”的毛病，传霖表示服气，可还是沾沾自喜地说：“诚未见胜吾者。”士杰复曰：“一言之善，一技之长，即吾师也。”

初入曾国藩幕，恰逢鲍超因“诬告营官”论斩。超未来是湘军第一名将，此时不过是一个小队长，然而英气绝人，已经掩盖不住，“缚帐前，颜色不挠”。士杰见之大异，尽管事不干己，也主动找了曾大帅，请饶他不死。国藩从之。有趣的是，超被释，出遇左宗棠，宗棠对他说：今天我救了你，“他日知报否”？竟然冒领了士杰的功劳。超大感激，“仰天自誓”，谓将来一定报恩云云。而士杰跟在后面，听了二人对话，立即躲去一旁，生怕让宗棠难堪。“其不市德自表曝，大要类此。”

咸丰三年（1853），国藩率湘军援湖北。先是，湖南巡抚已派兵攻岳州，统领为王錱。錱与国藩早已闹翻，相视如陌路。至此，国藩与錱合军，与太平军战，不利，国藩命退守，而錱“耻与俱退”，“独入空城死守”。国藩大怒，准备撒手不管王錱的死活。士杰进言，说岳州薪米俱绝，无以为守，必须派兵救援。国藩生闷气，不答一字。士杰也生气，殆以“建议为公”，不该因此受上官的脸色，遂“退卧”。不过，躺床上想了一会儿，士杰认为，“为千人请命”，事体重大，何必在乎这些小礼数。遂又进言。国藩毕竟不是一味使气的人，熟虑之，还是士杰说得对，乃下令进援，拔出王錱全军九百余人。

若无士杰，今人或不知王、鲍之名，这是他对湘军最重要的贡献。只是，鲍对士杰的救命之恩，懵然不知，錱“后为名将，号无敌”，“有自功之色”，虽与士杰并肩作战过数次，却从不言岳州之事。幸有王闿运为士杰撰行状，我们才知道低调的士杰竟有如许的识鉴与功劳。

# —— 李榕轶事 ——

闲逛某拍卖网站，发现十年前有一个豫德堂藏书法集专场，其中一幅字，拍出近三十万元，署名曾国藩，题“温恭朝夕”四个大字，并附跋语：

> 申夫仁弟识趣卓越，果毅有为，顾其容貌襟韵，常若迈往不屑，俯视群碎，而其词气之间，又若以贤智先人，恐其道不足以得众，诚不能以动物，特书四字，以相勖勉，期于容颜乐易，词旨温润，克己而天下归，言善而千里应。《诗》曰：慎尔出话，敬尔威仪，无不柔嘉。庄生曰：戒之哉，无以尔色骄人哉。愿吾申夫三复焉。同治二年三月二日国藩。

鄙人不谙书法，其眼无神，其腕有鬼，绝不敢言鉴定，但是看过不少曾氏的毛笔字，凭着经验，觉得这幅字似有问题。兼又春雨不止，枯坐无聊，于是翻出几本书，看能否找出一些头绪。

查曾国藩日记，同治二年（1863）三月初二日云：“（写）横幅‘温恭朝夕’四字与申夫，缀以跋语。”可见这四个字的“古典”虽出于《诗经》，“今典”则出于国藩的题赠。

受赠者“申夫仁弟”是谁？李榕（1819—1889），号申夫，四川剑州人，咸丰二年（1852）进士，改翰林院庶吉士，散馆授礼部主事。九年，经曾国藩奏调至湘军，先入营务处，后独领一军，转战皖南北，积功仕至湖南布政使。李榕撰《曾文正公家书序》，记述先师遗泽，说国藩“谓榕容貌襟韵，常若俯视群碎，迈往不屑，为榜书‘温恭朝夕’四言以相勖勉”（载《十三峰书屋文稿》），可见跋语也是有根据的。

而迄今所见最早的跋语录文，应是静学《林下笔记》（载《东方杂志》第十五卷第六号，1918 年）：“剑州李氏藏曾文正手书横幅‘温恭朝夕’四字，赠李申甫，并系以跋，云云”。文字与前揭录文全同，只是“卓越”误作“卓约”，又在“国藩”后多了“识于皖江军次”六字。同治二年三月，曾国藩的办公室设在安庆，正是“皖江军次”。《林下笔记》又云：“江油张子忠（政）同年为付石刻，余学生戴汉生（锡章）视学剑阁，搨一纸遗予，予因录之。”

知有石刻，则不妨去国家图书馆网站碰碰运气。打开“碑帖菁华”栏目，搜索“曾国藩”，结果第一条就是《温恭朝夕榜书》。注明年代为“同治二年一月二日”，三月误作一月，应是碑文漫漶兼未查考所致。又注明藏于四川省剑阁县，与《林下笔记》相合。

点开大图，以与拍卖网站图片对比，发现拓本较纸本在“国藩”

后多了“识于皖江军次”六字，又与《林下笔记》相合。细审布局结字与笔画，则更印证了先前的感觉。他且不论，纸本跋文的行列竟是歪的，要知道榜书大字是用来挂在最显眼的地方，一般来说没有这么马虎的，何况曾文正公是个多么认真仔细的人。只是，话说到这里就该打住了，不然再说什么纸本钩模拓本，挡人财路，惹出风波，就没什么意思了。

扯几句李申夫先生的轶事，以消残夜。

曾国藩幕府最有才的四位青年都姓李。李鸿章（1823—1901）名满天下，不必介绍。李元度（1821—1887）与曾国藩恩怨最深，李鸿裔（1831—1885）少年高才，激流早退，以后得空再说。李榕（1819—1889）曾共患难，对师门最有感情，而时乖命蹇，抱屈终生。

国藩谢世，李榕挽联云：

> 极赞亦何辞，文为正学，武告成功，百世旂常，更无史笔纷纭日；茹悲还自慰，前佐东征，后随北伐，八年戎幕，犹及师门患难时。

要理解这副挽联，尤其是下联，得先看李鸿章的挽联，他说：“师事近三十年，薪尽火传，筑室忝为门生长。”俨然以班长自居。只是论资格李鸿章或长于李榕，但是师门危难之际，大师兄你又去哪儿了呢?

李榕联中“东征”，谓太平天国，“北伐”，谓捻军，“师门患难时”，则谓咸丰十年（1860）末，曾国藩驻军祁门，差点被太平军围歼的故事。若仅望文生义，此联不过李榕表彰自己的忠诚劳苦，可往深里琢磨，则言外之意，有人一逢“师门患难”，则已不“及”矣。那一年，差不多正在“患难”前夕，李鸿章借故——如何处置败军偾事的李元度——与曾国藩大吵一架，不辞而别。曾国藩为此致憾，与人谈及鸿章，便尝说：“此君难与共患难耳”。当然，仅仅吹求文字，不免捕风捉影挑拨离间之讥。幸有李榕自述，可为佐证。

同治八年，李榕在湖南布政使任上，被御史参奏，因此罢职。事后来看，奏劾的主要原因，是他得罪了湘中的“巨室”。其时湖南须负担援黔军费，而正常财政收入无法负担这笔费用，于是，只好用募捐的办法解决。然而，不论贫富，只数人头，人人有份，都要掏钱，还是减轻百姓负担，只向富商与世家开刀?其间大有分别。

曾国藩一语点出其中的关键：“办捐而必曰着重上户，使大绅巨室与中人小家平等捐输，此其势固有所不能。巨室之不可得罪也久矣”（同治八年七月初二日致李鸿裔）。得罪小民，小民能奈汝何，难道造反不成?得罪巨室，则有代言人闻风而起，风闻言事，“淋漓尽致，亦殊可怪，不去官不止也”（李鸿章复郭嵩焘，八年二月二十日）。

张沄，长沙人，时任御史，便狠参了李榕一折，从公到私，从里至外，列出多款罪状。而事后调查，莫非子虚乌有，甚而有人身攻击的嫌疑，如谓李榕明媒正娶的续弦夫人为“买良为贱”。郭嵩焘问明参款，不禁慨叹：“闻此折又出于张竹汀（沄字），竹汀愚人也，乐为人所指嗾，抑亦国家之不幸也”（八年正月十三日记）。

不过，有一条确有其事，即任用退休演员翠喜做家丁。清制，“奴仆及倡优隶卒”俱属“贱民”，禁与良民为伍，翠喜既属乐籍，则没有资格去李大人家听差。李榕对此事辩称，翠喜十六岁曾入乐部，后来“展转服役官场”，至入李家，已是二十八岁，年近中年，早捐贱业，似不再有参款所谓“挟优”的嫌疑。虽然，翠喜不再唱戏，仍然属于乐籍，李榕要不违制，要不失察，究是犯了错误。

既然参奏大员，朝廷须派钦差复查。恭王与西太后心思细密，办事周到，派了众所周知与李榕有旧的李鸿章，同时警告他“确切查明，据实复奏，毋得化大为小，稍涉徇隐”（七年十一月十七日寄谕）。显然，不管调查结果如何，李榕的官位肯定保不住了。因为，朝廷故意派鸿章这样从情理来说本应回避的人去办案，看似宣示了朝廷对湘淮军功集团的信任，实则截住了湘淮诸大佬曲线捞人的径路。鸿章受命后，致书曾国藩，云“（二李）同为欧、苏（按，此处代指曾国藩）门人，先后同被荐举，本应为亲者讳”，可是，

“其理与势又不可以曲讳”，“伏祈鉴谅”。

李榕以此革职，愤愤不平，时隔多年，还责怪“当时主事者不肯实力洗刷”（谓翠喜入李宅做家丁已届中年），“恐重逢言者之怒”（复乔树枬，光绪六年四月），却浑未体谅李鸿章当时两面不是人的难处。

坊间流传曾国藩有一句名言：打落牙齿和血吞。其实，这话是李榕用以形容曾国藩的转帖，并非国藩原创首发。见国藩家书，谓：“李申夫尝谓余怄气从不说出，一味忍耐，徐图自强，因引谚曰：‘好汉打脱牙和血吞’。此语是余生平咬牙立志之诀，不料被申夫看破”（同治五年十二月十八日）。有趣的是，李榕能精准总结师父的本事，却不能学以致用，终于辜负了师门“克己而天下归，言善而千里应”的期许。

# —— 李文哀公轶事 ——

晚清著名幕府，幕客多是功名之士，唯在曾国藩与张之洞的幕府，常能见到学者与诗人。原因很简单，较诸胡林翼、李鸿章与袁世凯，曾、张本人对学术与文学更有兴趣。虽然，幕主对仅有文学之长而乏济事之才的幕客，格于形势，无法提携，只能让他们自生自灭；而学者因为更具条理，更能自律，倘若得到一官半职，在任表现往往胜于诗人，则出幕之后，晚景不会像诗人那么凄凉。

曾幕中最凄凉的要数李士棻(1822—1885)。他是四川忠州(今忠县)人，字芋仙，十三岁学诗，斐然可观，及长，与中江李鸿裔、剑州李榕齐名，时称“四川三李”（黎庶昌《李芋仙墓志铭》，文中叙及李氏履历，未出注者皆引此文）。未来，三李皆入曾幕，榕官最尊，鸿裔学问最大，而士棻诗名最盛。

士棻与国藩有师生之谊。（按，清代举人，至京参加会试、复试与殿试，三考过关，才能获得进士的出身。）道光三十年（1850），国藩充会试复试阅卷大臣，士棻则以会试第一名参加复试，不幸复试不能入等，未能考中进士。因此，国藩慨叹身为考官，遇到“时吟大句动乾坤”的士棻，结果却是“吹嘘曾未出风尘”，只能安慰他“细思科第定何物”（曾国藩《酬李芋仙二首》）。

除了言语慰藉，国藩还掏钱资助士棻在北京游学，“名公卿交相延誉，才名日隆隆起”。其后，四川老乡去北京会试，多须拜访士棻，所见各省举子莫不对他“推襟送抱”，邀他吃饭喝酒，“旬至再三”，而士棻的“清词丽句”，则常为这些年轻人“举似而口诵之”，甚至朝鲜贡使来到京师，也要登门问起居，“必乞其词翰以去”。海内海外，皆知天朝有个李大诗人也（王再咸《天瘦阁诗半序》）。

借着诗名，士棻游历各地，皆受优遇，地方官绅都打大红包。只是，才思太敏捷，也会损害经济效益。到河南祥符，周翼庭招待他，席间兴起，他大谈在都时如何集句撰嵌名联，翼庭凑兴，说，“吾号殊不易对”。士棻说不难，开口即吟“在天愿作比翼鸟”，翼字便有了下落。只是迟迟不说下句，座客再三催促，他才拍着屁股说“隔江犹唱后庭花”。对得十分工整，一座大笑，只有主人笑不出来。临别，翼庭给包了个最低标准的红包，士棻故曰：“一联巧对，换我三百金也。”（易宗夔《新世说·排调》）

士棻逢酒必喝，逢喝必醉，逢醉必哭，让诗坛酒友受不了，遂给他私封了“文哀”的谥号。士棻不以为怪，说：“婴儿笑语无常，酒人堕车往往不死者，其天全也，公等以此生谥吾，殊当吾意，吾将与阮籍刘伶为徒矣。”欣然受之，与人谈话，偶亦自称“文哀公”。不过，国藩对他这么玩儿很有意见，尝特地警告他：“不可开口叹贫叹卑，不可开口能诗能文”（咸丰十一年七月十八日记）。

名士风流自赏，文人习气难除，士棻并不将老师的话放在心头。咸丰末，他出任江西彭泽县令，到官日，携一张琴，万卷书，二具棺材，为两个儿子改了表字，云松存、菊存，殆用陶渊明《归去来辞》“松菊候门”之典。排场如此，固谓风雅，只是当时南京未复，太平军在江西并未绝踪，身为地方令长，须襄办军务，抚慰民众，怎能这么清闲，“烽火达于邻疆，方据案吟哦不觉”呢？抑或自觉不妥，数日后，他越级禀告两江总督，畅论戎机，无奈“论高而阔”，总督曾国藩“笑置之”，并又警告他，以后切莫再谈这些自己都不懂的事情。

至于两具棺材，若以士棻所赋的诗句做判断，则毫无用处。他说：“古来贤达甘无用，醉便高歌死便埋”（《旅述》）；又说：“万事向衰无药起，一身放倒听花埋”（《卧游》）。显然，无论醉仆街头，还是葬身花海，皆无所用其棺。

彭泽任做的时间不长，很快国藩就召他回安庆大营，此后，又随国藩去了南京。然而，虽在幕府，国藩对他却不如以前那么亲切了，甚至“戒门者勿通”，见一面也难。士棻惶恐，写了一组诗，为自己“使酒嫚言”而道歉，希望老师再给一次机会。诗中有“怜才始信得公难”之句，国藩读到，转觉不忍，乃吩咐江宁布政使，谓：“李芋仙终是才人，务为之地，勿使失所”。于是，士棻“得以温饱数年”（李详《药裹慵谈》）。及至同治末年，他再次出幕，任江西南丰县令。谁知没多久又因地方财政问题，与江西巡抚刘秉璋当面争执，“语侵辱之”，被秉璋参了一折，以此免职。

其时士棻五十七岁，无房产、无存款，而老师曾国藩已逝世，再无大力护持的人，晚景极不乐观矣。如刻诗稿，需二百两银子，他向两位“同年同门之厚于贵显于仕者”告贷，竟然一文钱都没借到（《题新印诗卷序》）。日常生活也难以为继，居然绝境。谁料天不绝人，在北京时相好的一位名角儿恰在此时到上海发展事业，与他鸳梦重圆，解决了生计问题。

杜蝶云（1847—1899），苏州人，是同光间戏曲界的传奇人物，生旦净末，皆所擅长，因在北京演戏得罪权贵，被迫南归，遂于上海创立新班。二人在北京初见时，蝶云只有十三岁，而今再见，虽然“一般憔悴两飘零”，重拾古欢，竟有“老矣更期勤会面”“三十余年梦未醒”的观感（《除夕留杜芳洲旅窗说梦》），确实出人望外。而更令士棻感愧的则是旧情人不仅珍惜旧缘，甚而让他住到自己家里，提供一口养老软饭。于是，为士棻铭墓的黎庶昌大发感慨，至谓“斯足以愧天下士”也。

## —— 李将军 ——

咸丰十一年（1861）春，有一位将军，忙里偷闲，去皖山（在今安徽潜山县境内）接受了一次“拓展训练”。他的任务是攀上皖山主峰——天柱峰。此峰海拔1488米，“一石浑成”，挺拔峭立。在没有磴道、缆车的时代，他能利用的工具不过是竹竿和绳子。当然，既是“训练”，自有老师辅导他。老师贺良谋，系潜山土著，是登山高手。竹竿和绳子，也是贺老师为他准备的。竹竿长约二十米，巨则巨矣，在黄河以南倒不算稀见。两条绳子比较神奇，“以淡黄细草为之，如汲绠而略纤，长十丈许，滑润不龟手，真灵物也”。然而，仅用一竹二绳，就能登上“平直如砥，光泽如蜡”的绝壁？

天柱峰西北隅有石壁，略分四级，每级不过三十米，逐级而上，遂至顶峰。方法是，先将一条绳子缠在竿头，再将竹竿竖起，卡在石缝中；贺老师在腰间缠住另一条绳，攥住垂下的竿头绳，缘壁而上，及顶，则将竿头绳系在石顶小树上，以便将竹竿牵引上石。待老师料理妥当，将军亦将绳子缠在腰间，缘壁而上。如此，重复四次，即能登顶。

只是，谈何容易。真攀爬起来，即使是以前登过恒山、崂山与华山的将军，对此奇险，也是“意颇窘”。贺老师叫他别害怕，并授秘诀：“用双手牢握垂绳，伸直两骽（腿）抵石壁上，凝心定气，把这石壁当作平地看，屈身作扫地形，须要手足相应，手进一握，足进一踏，初觉艰涩，十步外即不难矣。要紧在足心贴石，膝盖放平，膝平骽自直，开步自易，若稍一跧屈，则头额烂矣。”这段话要总结，就是一个“绷”字。绷紧了，则人与绳与壁成为一个三角形，今日地球人都知道，三角形是世间最稳固的形状。将军依计而行，兼之贺老师不时“从上提挈之”，果然，先难后易，没花多长时间就登上了第一级。如此，重复四次，即登上了天柱峰。

登顶后，看一回状如烛焰的巨石，将军向老师问起传说中的“天池”。所谓“天池”，也就是高处的池子，天最高，故名天池。吾国高山似皆有天池，天柱峰不能例外。而且，平素安徽官员祈雨，都请贺老师登顶从天池取回“天水”，方有灵验。乍听将军问天池，老师笑了，指着一块石头，说，这就是。将军一看，不过是“石中略凹，仅如砚受墨处”，与想象中的天池大相径庭。再问，“天水”呢？老师哈哈大笑，说，哪有什么“天水”！“往昔取水，皆我以竹筒盛水携上，倾水凹处，复掬入筒中耳”。将军闻言，相视而笑。

下山后，将军写了四个大字："孤立擎霄"，请贺老师刻在山崖，直到今天，游客仍可欣赏他的书法。又写了一篇《天柱刊崖记》，纪念这次壮举。此后，他又参加了镇压西北回民起义的战役，再后，去到新疆，官至布伦托海办事大臣，兼署伊犁将军，赫然二品大员矣。惜未能善终，"晚年生计窘甚"，中风瘫痪，死在哪一年，也没人知晓。

当将军还是一个青年时，他从故乡来到湖南，拜会守丧在家的曾国藩，适逢主人不在家，其子纪泽接待了他。其时，年未弱冠的纪泽尚不谙外交礼节，看到一个徒步而来一身汗水讲一口普通话的人说要与他父亲商讨军国大事，不禁起疑，乃以对"役夫"的规格接待将军。将军"怒"，未多言语，打到他仆街（"捶子仆地"）。国藩归，立向将军谢罪，"留宿焉"，并畅谈数日。将军终不喜国藩，转回湖北，投奔了胡林翼。登天柱峰，就是他在鄂军时的事迹。

将军姓李，名云麟，字雨苍，汉军正蓝旗人，世居盘山（在今天津蓟州区），所谓"盘山李氏"也。

# 梅痴与熟女

彭玉麟是个梅痴。一生画梅无数，写咏梅诗无数，还干脆取了个表号，叫“梅花外子”（外子即今语老公）。既然玩得这么野，就怪不得后人要给他传一段野史。

1935 年，李宗邺出版《彭玉麟梅花文学之研究》，打着文学研究的幌子，八玉麟的卦。他以彭诗有“修得梅仙嫁作妻”之句，一口咬定，玉麟婚外恋人的名字就叫“梅仙”，并说玉麟曾建“吟香馆”，金屋藏娇。梅仙亡后，玉麟遂以画梅寄托相思，所谓“一腔心事托梅花”。近代史名家罗尔纲在 1937 年读到这本书，不以为然，不是说他不信玉麟曾有一段艳史，而是不赞成李宗邺的研究方法。他认为，“假如彭玉麟对他的恋史还留有可供我们稽考的地方的话，可能在他那些感怀的诗中会留有一些”。也就是说，他认为李宗邺“以诗证史”，战略对头，但战术错了。

于是，1946 年，罗尔纲写成《彭玉麟画梅本事考》，试图揭晓玉麟的神秘爱人究竟是谁。他用的材料，一是玉麟的诗集，一是王闿运为彭氏作的行状。行状有一句话："邹夫人（玉麟妻）以朴拙失姑爱，终身无房室之欢。自太夫人（玉麟之母）卒后，遂不相面。"这是说玉麟的夫妻生活很不愉快，也可理解为玉麟婚外恋的诱因，罗尔纲也正在这个"历史背景"下考证玉麟的"恋史"。他强调，玉麟《感怀》诗第二首前四句很重要，诗云："皖水分襟十二年，潇湘重聚晚春天，徒留四载刀环约，未遂三生镜匣缘。"四句诗其实是一篇叙事短文，盖谓，玉麟与某人在安徽分手，十二年后在湖南重见，相聚四年，再次分手——接下来一句是"惜别惺惺情缱绻"，既云"别"，则生离死别都是分手。而罗尔纲径断为"玉麟的爱人死去了"，不免武断。但他所以如此武断，是有原因的，那就是要将诗中"十二年"与"四载"的时限，与另外一首诗《梦亡友情话甚洽口占志感》（作于 1884 年）的"已杳音容卅七年"联系起来。

我们知道，1884-37=1847，而 1847-4=1843，而 1843-12=1831。那么，若能证明玉麟在 1831 年与某女在安徽分手，1843 年某女来湘，1847 年某女死，则"恋史"考证可算成功了一半。天不负有心人，玉麟还真在 1831 年与一位韶龄女子道了别后珍重，只是，女子的身份不太合适，她是玉麟的姨妈。当然，不能是亲姨妈，若然，彭玉麟竟乱伦，那还了得。据罗尔纲考证，这位女子名竹宾，是玉麟外婆的养女，曾带着小玉麟四处"嬉戏"；1831 年，二人分别；1843 年，竹宾随养母来衡阳，姨侄再见，不久，竹宾嫁人；1847 年，竹宾难产死。若是时间、人物、事件就这么对上了，再加上玉麟写过的暧昧诗句，庶几可说，梅痴爱“熟女”的野史堪足升级为玉麟的婚外情信史。

可惜，罗尔纲错了。据玉麟撰其母《行状》，竹姨来湘，在1845年，而直到1852年其母逝世，竹姨仍在人世。可知，只有1831年二人分手是事实，其他两个年份都错了。然而，错不要紧，重要的是找出错的原因。若从罗尔纲提示的逻辑来说，玉麟的《行状》与诗作互有矛盾，人的记性不会随时可靠，则孰对孰错，犹有可辩。只是，他的逻辑大有问题，与玉麟的记性无关。因为，他的逻辑建立在两组诗所怀念的是同一个人的基础上，若不能确证是同一个人（更不要说确证都是怀念竹姨），则上揭1884-37-4-12=1831的等式无法成立。然而，罗文没有一句话论证二诗所怀是同一人。不是他疏忽，而是，他没有证据。但是，没有证据，制造证据也要上，于是，他才造出一段毫不可信的野史。

至于究竟梅痴有没有婚外恋，爱不爱熟女，这依然是个问题。尽管李、罗的考证都不合格，鄙见仍以为有，唯所用证据与前贤殊异。来日方长，容俟后叙。

# —— 大丈夫能哭能升 ——

许振祎，字仙屏，江西奉新人，同治二年（1863）进士，仕至广东巡抚。咸丰三年（1853），入曾国藩幕，主要工作是帮忙写信，“常一夕治官书八十通”，而在咸丰八年至咸丰九年间，曾幕书启几乎全由振祎包办，可见他的勤奋与聪明。李鸿章尝以《将进酒》体，赋诗称颂曾幕人材之盛，云：“诗家许浑殊翩翩，苦吟欲度饭颗前。”这一句说的就是振祎。

九年中举，出幕，次年会试不中。其时国藩东山再起，书启方面的得力助手只有李鸿章一人，亟须帮手，于是写信给振祎，请来安徽帮忙，同时又托鸿章之兄瀚章，嘱其催促振祎就道。然而振祎因家事不能远离，令国藩感叹“仙屏不来，书启竟无佳手，殊为焦心”。

振祎与国藩，除了办公极有默契，私人关系也很密切。曾家的藏书，有很大一部分都是振祎替他采购的。晚年巡抚广东，他还常向属吏宣讲老领导的轶事，其中有一句，是国藩对书法的意见，知者或鲜，值得一记。他说，“曾文正尝言，作书要似少妇谋杀亲夫”。这话什么意思呢？国藩的解释是：“既美且狠”。

既与国藩有师徒之谊，论辈分，他得称年纪差不多的曾国荃为世叔。光绪十二年（1886）六月，振祎从河南按察使升任江宁布政使，顶头上司两江总督，便是这位世叔。他不但对秘书工作认真负责，走上领导岗位，也是特别的勤劳廉洁，官声极好。只是，他的主观能动性或许太强了点，“委任处分，先行后咨”，渐有包揽把持之势，作为他的上级，国荃不过“垂拱仰成”而已。

国荃其实不是很在乎这些，且还乐得清闲。但是，自认被布政使侵夺了权力的官员，则不能甘心，于是，“谗人交构其间，猜嫌日生”。振祎一则忙于工作，无暇公关，一则仗着与曾家深厚的交情，不屑公关。而国荃耳根软，成日听各官讲振祎的闲话，众怨沸腾，不免想要缓和矛盾，保持南京官场的稳定，拟于年终总结的时候，对振祎“少示贬抑”，向朝廷暗示他不宜在地方任职，最好调去中央工作。

官场自有人传达这些风言风语，振祎闻之，不免“旁皇无计”。六合知县姚德钧，是他的心腹智囊，献了一计，说，借纪念曾国藩的由头，在南京新建文正书院，可以解厄。振祎别无办法，只好依计行事。而事出仓促，并无专项经费，募捐缓不济急，自费则素有廉名，掏不出钱。仍请德钧想辙，最终，挪用耕牛补贴，才能兴工。

书院落成之日，举办追思仪式，振祎请国荃主祭，自己陪祭。礼成，振祎伏地不起，恸哭如不胜情。国荃被他哭得心动，不由想起这么多年来曾、许的交谊，旋即自责，怎能这样对待重感情的朋友。

年终考语，国荃“捐除前事”，在密折里对振祎大大表扬了一番。光绪十六年二月，振祎擢河东河道总督。

## —— 虽罢，犹有官意 ——

或问湘军将帅怎么与各省人士乃至太后皇帝交谈，答云一代有一代之普通话，不必为古人担忧。不过，他们的普通话水平也有高下之分。如胡林翼与曾国藩，自中进士，点翰林，长居首都，不要说官话，哪怕是北京土话，至少也有“识听唔识讲”的造诣。而那些科举成绩不佳，尤其乡试未中的朋友，若非出身富贵，则几乎丧失了去首都观光的资格，尽管在乡中有塾师为之“正音”，他们的普通话级别还是要低一些。

如湘乡杨昌浚（1827—1897），光绪十年（1884）八月，由漕运总督调闽浙总督，入京请训，慈禧太后召见数次，恩礼优隆，陛辞日，太后问，哪天走？杨说初十。太后不解，再问，初四不是过了吗？昌浚一愣，知道听岔了，可卷舌音就是发不出来，音调也不顺溜，只好“以两手指作十字形，重言曰初十”，太后这才明白，“为之輾然”。湖南人十、四不分，谭、唐相混，由来久矣，“而湘乡人口音尤为伧浊”。

九年前，昌浚在浙江巡抚任上，遇到杨乃武小白菜一案，以“不能据实平反”，且对属官“始终回护”，奉旨即行革职。后经左宗棠奏调，帮办甘肃新疆善后事宜，逐渐恢复了待遇，其间，赋诗吹捧左宗棠，《恭颂左公西行甘棠》：“上相筹边未肯还，湖湘子弟遍天山，新栽杨柳三千里，引得春风度玉关”，竟成西域佳话云云。

昌浚的仕途虽有浮沉，又在大案当了反面角色，其实还算一个品行不错的能吏。

譬如俭德。当浙抚革职，将回湖南，而宦囊萧索，几乎不能启程，部属集资三千两饯行，才免了尴尬，回家后，布衣茅舍，怡然自得，人称“薯蔬总督”。又如贞德。昌浚是农家子，五岁订婚童养媳陈氏，本是为了节约未来婚礼的靡费，孰知从戎出仕，所向有成，再不必节约这笔小钱，甚而可以广置妻妾，如其他将帅，然而昌浚终其身未再娶，实在是湘军大佬中难得的榜样。慈禧太后曾问左宗棠，那杨昌浚是一个啥样的人，宗棠对曰：“善人也，信人也。”于此可见所言不虚。

尝与人闲谈，昌浚云：“曾作官，虽罢，犹有官意。”此语虽俗，却很坦荡，犹“贤乎浊世之公卿矣”。他活了七十一岁，在彼时可称上寿，然而能得这个寿数，亦与“虽罢犹有官意”的精神有关。

他自言少年从学于罗泽南时，乡中有个灵验的相士，给他和同学王鑫算命，先说：“二君皆贵人也。”再看两眼，又说，可惜，都挺短命。王鑫问自己能活几岁，答，颜子之年（按，孔子门人颜回的卒年有几种说法，相士殆采三十三岁之说），昌濬也问，则说比王多活十六年。结果，王鑫死于三十三岁，果如其年。照相士的说法，昌濬可活到四十九。同治十三年（1874），昌濬在浙江巡抚任，时年四十八，眼看就到鬼门关。冬季阅兵，突然有一颗歪炮打到他的座旁，幸未伤人，属官请严究炮兵，昌濬灵光一闪，连说不必不必，“此误发耳”。大家不知道一向治军严明的大帅何以如此，过了一年，他才说，那次就算是死过一回罢——套用前面的话，可说，不想死，极有生意。

# —— 冲天炮传奇 ——

易宗夔《新世说·捷悟》有这么一段故事，说某日午后，某人向曾国藩举报自己的统领密谋叛变，国藩闻言大怒，说你这是诬告，当场推出去斩了。不多久，被举报的统领来中营致谢，说，幸得大帅明鉴，不然我就冤死了。国藩脸色一变，说也推出去斩了。各位僚属闻命，大惑不解，纷纷求情，国藩说："这事你们不懂，斩了再说。"统领人头落地，国藩乃为大伙儿答疑，他说："统领真谋叛，则告密者不该杀，既以诬告杀了告密者，则不当用谋叛杀统领，这是正办，对不对？"围观干部纷纷点头。国藩又说："告密的一开口，我就知道所言不虚，但是，不杀这告密人，统领听到风声，必然立即起事，咱还得调兵平叛，多麻烦，现在杀了告密人，叛将以为没事了，自投罗网，于是，不费一兵一卒，捉他杀了，弭患于无形，这多干净。"对此，宗夔有点评："此举虽过于残忍，然悟事之敏捷，亦有足多者。"还有附注，说此事为国藩幕客薛福成所亲见，并讲给朋友听。

这到底是反应快，还是心太残忍，读者不妨各自感受。然而如此生动的故事，不仅没有写明时间与地点，连二位刀下鬼亦不注明姓字，未免太不严谨，令人不敢信从。近代笔记似此者不少。初看，总觉怪力乱神太多，托名记实，实则传奇，不足为信史。不过，空穴来风，并非毫无根据，缘木求鱼，或有意外收获。尽管从薛福成的著述里找不到这事的线索，却可以在同是国藩幕客的欧阳兆熊所撰《榾柮谈屑》中找到祖本。

中华书局清代史料笔记丛书中有《水窗春呓》（谢兴尧整理，1984 年），上卷作者署欧阳兆熊，下卷金安清。其实此书是两种笔记的合刊，《水窗春呓》是金安清所撰的笔记，而上卷内容固为兆熊所作，但兆熊笔记自订的书名却是《榾柮谈屑》（何泽翰《〈水窗春呓〉与〈榾柮谈屑〉》，《湖南师院学报》1983 年第 1 期），希望未来再版时能够名从主人，改换书题。

跑题完毕，言归正传。兆熊在笔记里记了一件事：湘军悍将李金旸，绰号“冲天炮”，在江西战败，投降太平军，旋又逃归，被营官张光照“控其通贼”，国藩命将二人解送至东流大营。到后，先审光照，说他诬告主将，先行正法。次日，金旸来致谢，称颂大帅“明见万里”，“感激至于泣下”，孰料国藩传令，说李金旸虽未通敌，“既打败仗，亦有应得之罪，著以军法从事。即派亲兵营哨官曹仁美绑至东门外处斩，闻者莫不骇怪”云。事后，兆熊请教国藩，为啥要这样干，国藩说，左宗棠早跟我讲过，李金旸“其材可大用”，“若不能用，不如除之”。现在江西官场舆论，都认为他通敌，张光照出来举首，也是揣摩了风向；我不媚俗，杀了张光照，但也不能太违俗，所以不得不斩了李金旸，“稍顺人心”。兆熊点评，云：“真有非恒情所能窥测者矣。”显然，易宗夔所传故事的祖本，就是兆熊亲闻亲见的实事。

国藩答问，提到左宗棠的忠告。宗棠与金旸是老相识，早在咸丰四年（1854），当天地会“伪大元帅”李金旸，向王鑫（湘军创始人之一）投降，作为“湖南地下巡抚”的宗棠即已知道金旸“血性勇敢”，“而将略颇有天授”，确属可造之材（咸丰五年二月初二日，王鑫《王壮武公遗集》卷十八《家书》）。然而金旸匪习不能尽捐，缺点也很明显，咸丰五年到六年间，经常与王鑫闹别扭，惹得王鑫数次“严斥”“痛责”，这些事宗棠也都了然。因此，对于这么一位极有才却不服管的将领，宗棠才会建议“若不能用，不如除之”。

金旸在江西战败被俘，对手是太平天国忠王李秀成。秀成“见（金旸）是勇将有名之人”，“心内痛惜英雄，故未杀害”，问他降不降，金旸虽未求速死，却是身降心不降。秀成深明强扭的瓜不甜之理，十天后，打了六十两银子的红包，放他回家。金旸谢过不杀之恩，没拿红包，回来找曾大帅，想东山再起，哪知竟被大帅杀了。秀成数年后被国藩捉住，死路一条，在囚笼中也为金旸说了一句“杀之好惜”（《李秀成亲供手迹》）。

至于国藩在奏折里的叙事，就没有这么多传奇元素了。他说金旸被俘后，张光照逃到南昌，“指告李金旸率众降贼”，数日后，金旸赴省自首，“坚称被擒属实，并无投逆情事”，并指控光照“未战先逃，挟嫌诬蔑”。江西巡抚不知如何处置，将二人解送湘军大营，请国藩发落。国藩认为金旸“前此本系贼党，自湖南投诚之后，屡立战功，并无反复可疑之迹。此次被擒数日，即能自拔来归，赴省投首，其非率众降贼尚属可信。唯屡次失律，致府城沦陷，又复偷生贼中，实已法无可贷”；光照则是“未战先逃”，而“诬陷主将，尤为大干军纪”。以此，“即于五月初三日，按照军法，将李金旸、张光照一并处决，以肃军令而儆将来”（咸丰十一年，《曾国藩全集·奏稿》三）。

但是，金旸并没死。当天负责行刑的曹仁美，是金旸弟子（“李以符水治病，最著灵验，曹受其法”），在行刑时做了手脚，虽曰斩首，却没有将脑袋砍下来，而是“身首不殊”，用芦席遮掩身体，并命亲兵十人守护。兆熊的仆人当天去观刑，不但亲眼见到这副情形，还亲耳听到金旸呻吟之声，再打听，则在黄昏时“扬帆而去，不知所之”。后来还有传闻，金旸削发为僧，号更生和尚，大小老婆三人，也削发为尼，“斯亦奇矣”（《榾柮谈屑》）。

若杀个半死是真事，则主谋绝非曹仁美，导演必是曾大帅。只是太神奇，鄙人不敢信，“笔之以广异闻”吧。

# 毕竟战功谁第一

湘军攻南京，入城首功为邵阳李臣典，载诸当时诏奏，似无疑义。然而，朱洪章才是第一位冲入南京的将领，这种说法也很有说服力。

朱洪章(1831—1893)，字焕文，贵州锦屏人，苗族，官至总兵，谥武慎。二十岁，洪章加入时任镇远知府胡林翼的勇队，其后，再改隶塔齐布麾下，后入曾国荃之军，参与攻打南京。他在地域主义严重的湘军，“以黔军特立”，不得不付出比他人更多的血汗。他指挥工兵开挖地道，“垂成而陷”，四百人无一生还，他也差点牺牲。擦干泪，继续挖，总算成功。克城前夕，国荃召集诸将，问谁打前锋，竟然无人应声。洪章愤而出队，受了令箭，遂于地道爆发之后，“从火焰中跃冲缺口上”，以长矛牵引部下，“肉薄蚁附而登”。等他的敢死队进了城，才有“诸将从之”。

这段记载见于他的自传。曾国荃为他自传作序，也是一篇证词，谓“甲子金陵之役，（洪章）于枪炮丛中抢挖地道，誓死灭贼，从城缺首先冲入，因而削平大难”。然而，作序时已是光绪十六年（1890），两年后洪章便过世。作为前敌统帅，国荃为什么不在二十年前如实报告，让功臣享受实至名归的待遇？

一般解释是，当日跟随洪章入城的“诸将”之一李臣典，克城半个月后病逝，曾国藩“深为可悯”，遂授意幕府调整功臣次序，将臣典换为第一。细节则见于沈瑜庆（贵州巡抚，“中兴名臣”沈葆桢子）特为洪章鸣冤的诗序，略谓，洪章知道自己被黑，愤愤不平，找国荃要个说法。国荃能说什么呢，乃“以靴刀授之”，说，次序调动，这事由我哥做主，我不知情，但我知道实际操作的人，是幕客李鸿裔。你去手刃了他，解解气，如何。洪章“笑而罢”。张之洞据此，还专门奏请为洪章落实政策，恢复名誉。

李家不高兴了。臣典之孙世由，虽好佛学，对此却不能忘情。他说，爷爷辈的老帅老将军走得差不多了，剩下一个朱洪章，偏还“黄金满籯”，于是到处找人写翻案文章，“汲汲于身后之名”，而拿钱胡写的人真不少，积非成是，以致“听者不察”，谬种流传，“甚矣笔载之不可不慎也”。于是，他也搜集了一些官司记载，为先祖正名。

掌故爱好者黄濬却不爱听这话，他说，到底谁第一个冲入南京，还真有疑义。第一，“国人例归功死者”，臣典破城不久即死，大家徇乎人情，归功于他，可以理解。第二，洪章不是湖南人，在军中或受排挤，以致湘人攘其功，也能理解。第三，找到曾国荃原奏，写得很清楚，登城九将，不仅洪章排名第一，甚至臣典犹未列名。第四，曾国荃之序，沈瑜庆之诗，张之洞之奏，这岂是有钱就能买得到的？因此，他敢说“朱洪章首功，当时必有极普遍之传说，殆可信也”。

# —— 吴光耀痛批湘军 ——

当湘军极盛时，誉满天下，然而也有直言不讳的人，历数湘军的劣迹，指斥湘军的元老。最著者，如王闿运收了曾家的稿费，撰《湘军志》，却对曾国藩及湘军大肆讥讽，被人拟为“谤书”，至有人声言要揍他，不得不自行毁版，停止发行。而中兴功业不可无记录，曾国荃遂另请王定安写了一部《湘军记》，叙事翔实，有褒无贬，只是文笔略逊，百年以来，远不如《湘军志》流传得广。定安是湖北东湖人。他的同乡后进吴光耀，则不以乡贤阿私为然，访求旧闻，秉笔直书，痛陈湘军之弊。唯惜光耀其人声名不彰，其书传布未广，请略作介绍，以为论史的谈资。

光耀（1859—1935），字华峰，三味老人，湖北江夏人。父达江，富商也，任武昌商会首事。光绪二十五年（1899），光耀入川，任万县白岩书院山长，自二十八年，历任秀山、永川知县。入民国，居成都，榜门书额曰“老儒菜圃”，联云：“到门长者车，是先朝元老；关怀天下事，念何日太平”。著述繁富，而抨击湘军之文多见于《华峰文集》与《华峰庚戌文钞》（据《永川县志》与《广元市元坝区文史资料》第二辑马宣伟《吴光耀》）。

《华峰庚戌文钞》一卷，早为汪康年录入《汪穰卿笔记》。康年跋云：

> 书中于湘人中兴名将帅深致不满，而于鄂人及他省人有功被抑者则力为表扬。其中是非出入，尚待考求。唯吴君不平之原由，则有可得言者。当军兴之初，胡文忠以数年之阅历，即谓鄂兵不可恃。且曾文正既奉命督师，则所用将佐必多湘人，而应募之健儿必皆其乡里，此亦势所必然。既湘人为主，则各省人之从军者多屈居其下，或人无识，或动以气焰相加，至论功行赏每致偏畸，此皆意中之事。然怨毒所积，必钟于统率之人，因此而不平之声藉藉人口。又，曾文正以理学著，左文襄以雄武称，顾迹其生平，亦有一二不尽满人意者。小德出入，固贤者所不免，然盛名之下必多寻瘢索垢之人，况瑕瑜不掩，则苛细之论自不能辞，正不特吴君此书为然矣。

看康年的解说，知道他是以“批判的态度”抄录这些文章的。

《华峰庚戌文钞》第一篇《纪陈大帅轶事》，为陈国瑞鸣冤，痛批曾国藩昏昧，第二篇《纪鲍子爵轶事》，则为鲍超抱不平，仍然批评曾国藩。又，《纪合肥孙知县》，批评李鸿章家族仗势欺人，鸿章虽为淮军领袖，出身却在湘军，殆连类及之。又，《纪胡提督轶事》，则斥左宗棠嫉贤妒能，混淆是非。四篇文章的主角，陈国瑞与胡世英是鄂人，鲍超是川人，孙葆田是鲁人，皆是“有功被抑者”，亦皆受到“湘人中兴名将帅”的不公平待遇。

光耀对胡世英尤三致意，为他撰写《别传》，跋云：

> 公（谓世英）尝为余言，中兴，湖南诚有功，遂谓湖北无将才，岂其然哉。特鲜为督抚者济之佝，辄为人所困抑，不得自信。湖南初视湖北为异类，久乃三湘亦各有党，夺他人成功，私其昆弟。曾文正未自解焉，左文襄弥甚。（外籍将士）各不愿逢其私，愿战死敌不恨。脱胡文忠少迟死，天下人材不如是而止也，呜呼，胡文忠其真不可及也夫（《华峰文集》卷一《记名简放提督效勇巴图鲁胡世英别传》）。

这几句话信息量很大。胡世英先后隶于胡林翼、都兴阿与左宗棠麾下，转战东南与西北，所向有功，对湘军底蕴知之甚悉，一旦发言批评，能中肯綮。他说当时督抚多为湖南人，把持人事与财权，常常厚于乡人而排挤他省人士，其实，若以曾国荃为例，则厚于湘人还谈不上，而只是厚于湘乡人。以此，鄂人固为异类，湘乡以外的湖南人何尝不是异类？故曰“三湘亦各有党”，画地自限，分崩离析，实在是不可讳言的陋习。即如李瀚章、李鸿章兄弟，俱与湘军有深厚的情谊，私下通信，也互相叮嘱，须小心湘人排外的习气，以免受伤。至于外籍将领“各不愿逢其私，愿战死敌不恨”，则例子不少。最著者，如贵州朱洪章，本是攻克南京的首功，却被剥夺了封爵。又如安徽程学启，在湘军不受待见，随鸿章组建淮军，乃成名将。

有意思的是，世英对中兴大佬，如曾如左，皆致不满，独于胡林翼却大表赞扬。胡林翼也是湘籍统帅，何能例外？窃谓林翼任湖北巡抚，固须以鄂省利益为重，公而忘私，而他并未从益阳同乡中招募将士，所用军官，如鲍超来自四川，多隆阿来自满洲，李续宾来自湘乡，堪称五湖四海，所部天然缺乏培植地域歧视与宗派主义的氛围，因此，他治军才能真正做到和睦将帅，一视同仁。咸丰九年（1859）夏，太平天国翼王石达开围攻湖南宝庆，湘省向鄂省求援，林翼以大局为重，认为谋皖重于援湘，迟迟不派援军，惹得湖南老乡骂他不顾家，他觍颜受之，仍然不为所动，即此又可见他心怀天下，不分畛域的风采。

而自咸丰五年（1855）至十一年（1861），湘军真正的领袖其实是胡林翼，而非曾国藩。及至林翼英年早逝，曾国藩接统湘军，曾国荃攻克南京，“曾军”（王闿运语）锋芒无两，而湘军衰矣。或曰湘军成功，辄生暮气；何谓暮气，实即“三湘亦各有党，夺他人成功，私其昆弟”之习气也。胡、曾治军，套路完全不同，湘籍军官对此或仅略有所感，而如胡世英这样的外籍军官则陡生衔冤刺骨之感矣。

光耀撰文批评湘军，证据多来自故将军的口述，固非一般“盛名之下必多寻瘢索垢之人”，决不能轻易等于“苛细之论”，实在是踩中了湘军的痛脚，可为读史论世者鉴。

# 辑四

## —— 内战的资格 ——

1970 年，近代史名家简又文写了一部英文书稿，交给耶鲁大学出版社，原名 *The Taiping Revolution*（《太平天国革命》），出版社不同意，说太平天国不是革命，而是叛乱。简又文说，你们又不是晚清遗老，为什么非要强调它是叛乱，而非革命。出版社说，造反这事，成了就是革命，没成就算叛乱。最终，双方各退一步，书名定为 *The Taiping Revolutionary Movement*（《太平天国革命运动》）。

新近在大陆出版的《天国之秋》，作者裴士锋（Stephen R. Platt），是美国汉学名家史景迁的弟子，师徒俩研究太平天国，颇得益于耶鲁大学所藏太平天国史料，而这些材料正是简又文捐赠的。裴士锋既不用革命也不用叛乱来称呼太平天国，而用了内战一词。

中国人打中国人，称内战，似乎没有问题。只是，倘为内战，在当时又有一个问题，即外交承认的问题。一国之内，两军对峙，政府军早为外国承认，而与政府对抗的武装力量，若经外国政府认证为交战团体，则可称内战。自始至终，以英国为代表的列强并不承认太平天国的“交战团”地位，以此，称为内战，并不合格。裴士锋固明此义，而仍用内战来称呼，则是想在叛乱与革命之外，寻求更客观更中性的解释。

此后的辛亥革命，所以称革命而无争议，固因这事成功了，也因在事发时革命军即已获得外国认证。有一段发生在汉口街头的对话，可证外交承认的重要性。

革命第二日，媒体人胡石庵在汉口三马头碰到两个素识的英国人，问他：“武昌之变，究竟为何等性质？我国领署，皆接有贵督瑞澂（原湖广总督，时已逃亡）照会，谓武昌之变系土匪勾结营兵肇乱，意在劫夺钱财，与政治绝无关系，不日即可荡平云。”这一问，含意甚深。一则清朝政府首先通知外国，在“话语权”上占了先机；一则革命若被误会为暴动，则根本得不到外国的同情。石庵立即正色回答：“此谰语也。武昌此次实系革命军起义，绝无二义。余于内容皆深悉。”

石庵批评清朝政府言论为“谰语”没错，说革命军不是暴动而是起义也没错，但说“深悉”革命情状则略有托大。因为，前此他不知道革命何时爆发，不知军政府何以推举黎元洪为都督，现在他亦未与军政府取得直接联系，何谈“深悉”？幸而军政府并不懵懂，十八日，与外交界协商成功，驻汉口各国领事发表联合声明，谓，“查国际公法，无论何国政府与其国民开战，该国内法管辖之事，其驻在该国之外国人无干涉权”，并承认“民军为交战团，各国严守中立”。

外国一旦承认“叛军”与政府具同等地位，其实就是在表示支持了。太平天国当日若有这种待遇，则历史如何发展，还不一定就是今日所见的局面呢。

# —— 如何教人去死 ——

咸丰七年（1857）夏秋之交，太平天国英王陈玉成率四万人攻湖北黄梅。六月以前，数尝小挫，六月以后，玉成亲临前敌，先在濯港全歼王国才一军，随后，将清军各部相继击溃，旋即向驻守意生寺的湘军鲍超三千步兵发动攻击。

玉成行兵，不喜力斗而善智巧，故己军虽十倍于敌，亦不愿穷追猛杀，而“自意生寺连营至黄腊山迤南，深沟高垒”，要用持久战的方法拖垮饷道已绝的清军。鲍超的霆营，粮少无援，不能持久，乃决定五路出击，主动挑战。临战前夜，鲍超尽出营中余储，大飨将士，祝酒，辞曰：

> 明日决往破贼。幸而克捷，顾全大局不少；否则身殉。是役誓不与之俱生。诸将士有愿以死报国者，与吾共功名，幸甚；如不愿者，亦自任也。请以卮酒志别，以表一时共事之雅。

这段文字出自陈昌《霆军记略》，断非鲍超当日的原话 ，而是经过传记作者润色加工而成。

赵增禹，四川人，幼年随其叔拜谒过鲍超，他访问鲍超部将，搜集父老传闻，作《书鲍忠壮公轶事》。其中记咸丰九年岁末，小池驿决战前夕，鲍超大宴三军，作士之气，祝酒词中有一段话与陈昌所记内容类似，表达方式则更真实。其词云：

> 营下兄弟多，战而乐者，行，可也，鲍老子当与之偕；怯而伏者，栽，可也，鲍老子当与之诀。

不过，陈昌的记录虽有文饰，读起来并无慷慨激昂之气，然而其中的话语逻辑值得分析几句。请先不计较口语、文言的区别，只看看“如不愿者，亦自任也”这句话。

这句话，大有意味。鼓舞士气，绝非易事，统将请大家喝酒吃肉，不过欲请诸位随我去死而已；受邀诸人，心内必会做一番权衡：明日参战，生还机会如何？明日避战，死亡指数又有多高？此种迷思，统将怎会不知。但是，高明的将领决不会说出“Let's die like Romans， since we lived like Grecians” 这种弱智的话（语出英国作家 Ben Jonson 所撰剧本 *Volpone*）。激将法不是这样的。他会平静地开出两个选择：你可以去，你可以不去。去了，我为之“幸甚”；不去，也是你自己的担当，我表示尊重。

于是，这个选择不再是单纯肉体生或死的选择，而成了道德上义与利的取舍。人性中或多或少的那点良知因此被激发，于是，众人“伏地叩头，誓以死自效，虽下逮夫役，无不踊跃用命者”，而“鲍公知士气可用”。

当然，平时对士兵的管理，效果良好，是能说出这句话并让这句话产生效果的前提。君子固可欺之以方，传统所谓小人也吃这一套。

## —— 太平兵法 ——

太平天国领兵诸王，虽非宿将，而作战常合兵法。清军屡屡吃亏，口头上却不服输，总是说："兵法战策，草野罕有。贼之诡计果何所依据？盖有二三黠贼，采稗官野史中军情，仿而行之，往往有效，遂宝为不传之秘诀。其取裁《三国演义》《水浒传》为尤多。我军堂堂正正，岂屑为之？"彼时正人君子瞧不起《三国演义》《水浒传》，概归诸诲淫诲盗之列。胡林翼尝云，"一部《水浒传》，教坏天下强有力而思不逞之民"，殆即此意。

不过，湘军中一线带兵的大将，不这么看。譬如鲍超，他的军事训练正得益于此。弱冠时，他好听"说部所载云台、凌烟诸将相及郭汾阳（子仪）岳忠武（飞）事迹，时时招文士讲说，一入耳即识其词不忘，并悟彻当日成败得失之故"。此与太平军的兵法都"取裁《三国演义》《水浒传》"，如出一辙。

以胡林翼为代表的清代高官瞧不起《三国演义》《水浒传》的兵法，其实是数典忘祖、大逆不道。要知道，清太祖努尔哈赤是

《三国演义》《水浒传》的忠实读者，且命人将《三国演义》译为满文，供臣下参习其中的文韬武略。即如袁崇焕之被戮，据说就是皇太极对《三国演义》中的离间计学以致用的结果。可见，满洲立国，《三国演义》之功莫可掩。而清政府几被同样善学《三国演义》的太平军颠覆，若讲报应的话，则明人罗贯中编此《三国演义》，可视作为新朝埋下的定时炸弹。

然而，太平军所向有功，则又必非毫无技艺者。经深入考察和分析，湘军情报人员终于搞清楚太平军的常训科目只有三项，而这三项就构成太平军的核心竞争力。

其一曰“声”，“万人大呼‘杀妖’”，其声震天，入耳惊心。

其一曰“色”，“衣巾旗帜，一片红黄”，视觉刺激十分强烈。

其一曰“奔走”，“以大旗数面各领一队，牵线急趋，以捷走不脱落为合式”。此处提及之“牵线”，是太平军最常用的行军列阵之法。一军之卒“肤相挨，足相蹑”，接续而行，队列中间以大旗数面，各领千余人。数万人行军，亦用此法，故常常“首尾蜿蜒二三十里”；清军侦探见辄丧胆，每报“贼军排列数十里”，其实不过是“一线单行”（大路亦用双行），并无旌旗蔽野的规模。“牵线”行军，纪律极严，“凡行走乱其列者，斩”；即体力不支欲稍息路旁者，其上司亦毫不留情“手刃之”。以故，数万人之伍，数十百里之途，亦能“鱼贯以进，斩然不紊”。行军途中，若遇敌军来袭，众卒唯视各队“大旗所往而奔赴之，无敢或后”，故能保持队形，临危不乱。

于是，仅凭“奔走”“声”“色”的技术，本应是乌合之众的太平军，居然成了劲旅。甚至在散处村馆民舍之时，一经下令，兵卒各觅队旗，即时成队，转瞬即由寄居之民变成肃杀之阵。对太平军的训练成果，湘军无可奈何，欲稍稍减弱这种民、兵合一战法的威力，就只剩下烧民房这一条办法。胡林翼曾下令：“打仗之时”，“派人先焚贼居”，“见屋即烧”，“无论是民居，是贼馆”，“凡大屋，尤须密烧”，也是无奈得很。

## 意生寺公案

咸丰七年（1857）七月初一日，太平天国英王陈玉成率四万人，湘军鲍超率四千人，在湖北黄梅县意生寺大战一场。此战胜负，关系重大。太平军胜，则湘军不能继续围攻九江，武昌亦岌岌可危，而克复南京的远景将渺不可见。

太平军筑起数座高垒以困霆营，最巨者五。鲍超将全军分作五队，自领一队，先请其他四位队长“各自指攻一垒”，己则“指当中一最大坚垒”，开始冲锋。所谓“垒”，就是碉堡，中容数十至数百人不等，或二层或三层，高自二丈至四丈不等，垒壁开设枪洞炮穴，墙头则向外抛掷火包、灰罐、石块、喷筒等物。战斗打响后，其他四队“十荡十决，骤不得手”，而“伤亡渐众，几不能支”。攻垒至于“几不能支”是个什么景况？即谓黄继光不出，则将全军尽墨也。霆军无黄继光，唯有一余大胜，自请“由贼墙炮穴梯肩而入”。要完成这套战术动作，十分艰难。大胜须闪躲炮火，扒近垒壁，然后踩着战友肩膀攀援至炮眼附近，迅捷钻滚扑入，起身即与敌兵展开肉搏，忙中偷闲，还得向外扔出绳索，供战友攀援。大胜不愧为大胜，“鼓勇先登”，一击得手。鲍超当即“率十余壮士继之”，攻入垒内，斩敌数十名。许是这些人如天兵天将一般的气势震慑了守军，“余贼不敢格斗，悉奔聚垒心，拥护贼酋”。登垒人员越来越多，鲍超却让他们不着急围攻垒心，而将数十杆军旗——霆军旗帜无字，上面只绣三个黑圜，太平军称为“鲍膏旗”（赵增禹《书鲍忠壮公轶事》）——沿着垒边“环而树之”。其时，“垒心贼尚数百人，皆瞠视不敢也”。树旗毕，霆军这才掉转头来逼近垒心，守军魂飞丧胆，始四散而逃。其他四队苦战欲竭之际，陡然望见大垒之上黑旗飘动，便知主将业已克敌，“一时愧愤所激”，信心大增，“各殊死战”，亦将各队负责之垒先后攻破。五座大垒被破，太平军防线大乱，于是，小奔引发大奔，一溃激成全溃。玉成在黄腊山上指挥所里，亲见四万围军被不足四千之敌军冲溃，不禁黯然神伤，“只身逃去”。

仗打完了，留下一件公案。因为当日与霆营同驻一处的多隆阿，亦为名将，何以在这场大战中不见踪影？

上述战况，取材于陈昌《霆军纪略》。此书纪事止于光绪七年（1881），刊于光绪八年，时鲍超犹健在。书中记事，系陈昌在夔州鲍府当面采访得来。其书谓战前多隆阿怯于敌势，不拟强攻，鲍超则自愿留守作战，并请多隆阿率马队围观，多隆阿闻言“壮之，因从其计”。若然，多隆阿的表现，确属不堪。

如有可能，应该听听多隆阿自己的意见，他的部下雷正绾，编有《多忠勇公勤劳录》（光绪元年），雷氏且曾参与此役。孰料展卷大惊：意生寺之战发生在七月一日，而雷书记日竟无“七月初一日”字样。只说：“将军（都兴阿）恐，下令欲退军。乃乞援于围攻九江之湘军及长江水师，一战歼焉，所有战垒百余座悉数削平，仍将黄梅克复，楚省二次肃清。”此谓全军龟守待援，解围之功全归于九江围师，竟无一字提到意生寺之战。

胡林翼是多、鲍二人的领导，看看他的报告：

> 都兴阿于七月初一日四更，派翼长多隆阿督马队、副将鲍超率步队，分五路进攻黄腊山等处贼巢。贼见我军遽至，亦分股漫山遍野齐出抗拒，鏖战数时之久。多隆阿侦知贼以怯懦老幼之贼守垒，而伏捍贼于村落以截我军，遂商令鲍超分兵绕攻贼垒之后，多隆阿派马队直冲村落。伏贼尽起，势甚凶悍，兵勇正在血战，经多隆阿跃马舞刀，挥队继进，兵勇枪箭齐施，殪其悍贼数十名，贼始败窜。维时鲍超即率勇追杀，分攻贼垒，施放喷筒、火箭延烧贼营，四面火起，群贼狂奔。我军会合痛剿，贼尸遍野。

第一，他不似雷正绾，对此次大战视若无睹，而是说七月初一这天，“鏖战数时之久”。第二，他不似陈昌，说多隆阿袖手旁观，而是说多隆阿“跃马舞刀”参加了战斗。第三，“分攻贼垒”之责由霆军担任，多隆阿无与焉；此则与陈昌所述相同，唯无鲍超对多隆阿说“前敌交锋事，公可不问也”的嘱咐，而加上了多隆阿“侦知”敌情后“商令”鲍超攻垒的情节。若不读陈、雷二书，但泛览此折，读者很难找出可疑之处。除非，留意到折末这段“春秋笔法”：

> 查黄梅马、步各军，大获全胜，前后斩馘以万计，为楚军罕见之奇捷，虽系都兴阿、李续宾调度得宜，亦由该将领奋勇图功。据都兴阿查明谋勇兼全、首先登垒、战功懋著各员弁，声请随折先行保奖前来：其鲍超一员，连日血战，率同亲兵累尸登垒，身腿受伤仍不少却，尤为忠勇罕匹”（胡林翼《黄梅马步各军会剿黄腊山等处并黄州移营剿贼大获胜仗疏》，咸丰七年七月十八日）。

这一段是报捷奏疏中例应具备、用作结尾的“保奖”名单。都兴阿虽曾下令撤退，但他仍是意生寺之战名义上的指挥者；而李续宾自南岸渡江来援，有堵截追剿之功。都、李分任两军统帅，故以二人“调度得宜”作为“仰恳天恩优加奖励”的发语辞，此系旧时奏折的套话，与今日“在某某同志领导下如何如何”的滥调，同一机杼，不赘。着重要看的是“保奖”名单中的排名情况。显然，在这场“罕见之奇捷”中，鲍超以“忠勇罕匹”，荣膺功首。而且，其他参战有功人员，不论生死，都只以“附片”申请奖励，并没享受到鲍超这种随“专折”加以表扬的待遇。附片保奖五人，其中，密雅明阿是都兴阿亲兵营营官，何有贵、易容贵、陶忠泰、陈德懋都是霆营军官。由此可知，不但鲍超荣膺最佳个人称号，霆营也获得了最佳集体奖。然则多隆阿在此役表现实属平庸，概可想见矣。是故，谓林翼此折，不动声色，而暗寓褒贬。

两年后，曾国藩追忆此战，云:“意生寺之役，则马队并未在场”（曾国藩《复胡林翼》，咸丰九年十一月二十日申刻）。有此一语，事实昭然，益知林翼作奏不动声色而暗寓褒贬，其为春秋笔法无疑义也。

至此，公案了结：多隆阿未参与意生寺之战，此战纯是鲍超力挽狂澜的个人表演。

再说几句闲话。罗尔纲《太平天国史》卷五十六《传》第十五《陈玉成刘昌林》，于此役无一字提及。同书卷二《纪年》亦不言此役。此战，清军以少胜多，不致因大举回援而撤九江之围，并因湖北防守成功而挺进安徽，实在不容阙书。当时纪此役者，如汪士铎、雷正绾、陈昌、梅英杰诸书，俱标玉成之名，罗先生固知有此一战，不应从阙。罗先生笺证李秀成供词，屡屡指责清方记载讳败夸胜，称为“秽史”；而对英王的败仗，则也采取为贤者讳的“春秋笔法”，略而不提，是以“秽史”之笔自污也。

## —— 想去天堂看一看 ——

一直想去天堂看一看。

别慌，是安徽霍山天堂寨。当年湘军与太平军在皖鄂交界打拉锯战，平地由鲍超、多隆阿对阵陈玉成，而胡林翼在天堂安排了一支奇兵，在战役关键时刻，从天而降，终获大胜。超，四川人，是湘军第一名将，林翼给他取字，曰春霆，用《诗经·常武》的典："如雷如霆，徐方震惊"。超不负所望，自统军以来，未尝败绩。

很多读者喜欢鲍将军。没什么文化，学问出自小说，战略纯由天赋，个子不高，平易近人，未富贵时，与老婆相依为命，在长沙做湘江卖水人，尤令吾人土著觉得亲切。曾经被围，修书请曾国藩解救，纸上写个鲍字，画个圈，再添几只箭头，对着圈儿。国藩收到短信，大呼一声，春霆危矣，而后，该干吗干吗，不以成败利钝萦于心。当然，这是段子，前半转帖，后半原创。

有人参观过曾、胡的军营，写了评论，说，曾军凛凛如秋，胡军煦煦如春。窃谓胡军之春光旖旎，大半因为鲍将军。一般而言，湘军营制，选兵须山野朴直农夫，不要城市油滑之人，在营严禁夜饮，不许喧哗，每到战地，第一件事就是扎营，深壕高壁，坚忍不出，王鑫诸人创制于前，国藩集其大成。超不然。不论什么人，顺他的眼，皆可从军，所谓长沙流子，进去不少。也不讲究扎营，急行军后，就地休息，数千人布满原野，或坐或卧，以自己觉得舒坦为度。别说开酒席，闲时要开赌局，将军也懒得管。偏生如此，血勇善战为诸军冠，我战则克。

并不是神化他，真有这么神。左宗棠那么严谨的一个人，初次领军去江西景德镇作战，一旦发现情况不对，赶紧换了霆军的黑膏旗，硬生生吓走了来叫板的太平军，鲍将军所向无敌，可见一斑。

托岳麓书社的福，最近再看了一遍《王壮武公遗集》，对湘军创始人王鑫有了更深的认识。鑫、超年纪差三岁，同时为名将（太平军有“出队莫逢王老虎”的品评），出身不同，个性相似，做派则迥异，就像山峰倒映入水，实像与镜像，一般青翠挺拔，却是一个向上，一个向下。作为读者，喜欢鲍将军，也喜欢王将军。尽管鲍将军没留下什么文字。

请回到天堂。当年的内战，不止一处古战场，愿在百年后去凭吊，天堂可以排名前三。设想你站在天堂之巅——其实无巅，绝顶是一块平地——俯瞰鲍将军在山下严阵以待，远眺王将军在南方用兵如神，发挥想象，忘了呼吸。而必也陡然杀风景地想到，他们不论凛凛如秋还是煦煦如春，不论生前如何灿烂辉煌，皆不过是陈迹，皆不过如浮云，默默飘过近代中国，未能挽救宿命的沉沦。或说王鲍不够大牌，试问，曾李又如何，后此伟人又如何？一念及此，站在天堂的你，还请收回高瞻远瞩，只静静欣赏眼皮底下的精彩一战吧。

## 军痞、间谍与史学“转型”

近二十年，学界对太平天国的研究日趋冷落，二十世纪五六十年代的“太学”盛况不可复见。此一局面之形成，略有内外两种原因：内，谓研究难度加大，可供填补之“学术空白”愈来愈少；外，则因本国之官学互动不再注意此一题目，舶来西学又多不赞成农民起义等于历史进步的简单范式，以此，时尚大改，人心思变。有趣的是，早在二十世纪初，太平天国研究业已经历过一次“转型”，而转型之故，也与政治的影响有关。空谈无趣，借一本书，略说大概。

光绪三十年（1904），奉孙文之命，刘成禺写出一部《太平天国战史》，以为“吾党宣传排满好资料”（尚明轩编《孙中山生平事业追忆录》）。其时，成禺年未而立，亦非研究太平天国历史的专家，他是如何写成这部“现代史”著作的呢？原来，孙文是广东人，自少饫闻老乡洪天王发家起义的逸事；后来，浪迹海外，又看到几本外国人写的“禁书”——如英国人呤唎（A.F.Lindley）撰《太平天国革命亲历记》，日本人曾根俊虎撰《清国近世乱志》——所述太平天国的革命事迹，与清代官书（如《钦定剿平粤匪方略》）相较，在事实与立场方面，都有显著差异。于是，他将这些资料交给成禹，命其写出一部“信史”，以便“洪门诸君子手此一编”，“世守其志而勿替”（孙文《战史·序》）。于是，孙文俨然以太平天国的精神传人自居，而《战史》一书，隐然有匕首、投枪的功效矣。只是，用今天的话讲，这叫“攒”出来的“快餐读物”，如何指望它成为“信史”呢？何况，《战史》所据的主要资料（呤唎与曾根之书）本身就大有问题。

作为雇佣军，呤唎确曾跟随忠王李秀成征战约四年之久，所以书题“亲历”二字。但是，他的书还写了（或说编了）很多未曾亲历的事情，例如，他说建都南京，封了“东、西、南、北、翼”五王，事实却是南王、西王早已战死，不及赶往南京受封。他说李秀成是太平军第一次北伐的“总司令”，事实却是，李秀成在革命初期只是“小弟”，根本没有“解放全国人民”的资格。他还编了一段英王陈玉成的“传奇”，说玉成爱上了干王洪仁玕的侄女，不惜为她“劫法场”。罗尔纲审读此书，“随手”便找出了十四处大“硬伤”，衡以传信阙疑的原则，直可判断此书为“伪史”。但是，罗先生原谅了他，因为，他发现呤唎杜撰事实的动机很不错，那就是：“改动的地方都是为达到有利于太平天国、有利于中国革命事业而服务的”（罗尔纲《亲历记·前言》）。英人之书说谎，日人之书呢？刘成禺谓曾根俊虎“少年曾助太平军”，如呤唎一般，也是“太平军洋将”（《世载堂杂忆》），事实却是，曾根初次来华（同治十二年）之时，太平天国已经覆亡多年。他也不是什么史学家，而是派往中国的军事间谍（小岛晋志《曾根俊虎与冈千仞的杭州及浙江之行》）。

可见，两种资料都不可靠。然刘成禺“攒”这本《战史》，却硬说除了这两本书，“其余（清代）官书，多不可据”。难怪今人总结百年太平天国研究史，评价刘氏之书，便说“大多出于杜撰，与史实有很大出入”（夏春涛《二十世纪的太平天国史研究》）。

不过，当时的“革命形势”，还就需要这样的书。只有等到清社已屋，“五族共和”，革命与反革命两方都不用再拿太平天国说事，正常的历史研究才得以展开。此即太平天国研究的第一次“转型”。

## 天国里的湖南人

以湘军为主力的清军战胜了太平军，太平军从最高领袖到骨干官兵多为广西人，以地域论，湘桂似为敌国，然而，却有不少湖南人参加了太平军，为建都天京，抵抗清军，做了不小的贡献。譬如地道攻城，不论太平军攻破南京，还是湘军克复天京，都有湖南郴州人的功劳。郴州在清代已是著名矿区，有很多地道与爆破专家，太平军从广西入湖南，克郴州，就让很多矿工加入队伍。这些人在未来攻克武昌、南京诸名城时，开掘地道，填埋炸药，测算时间，布置引线，对于攻城的胜负，具有决定性作用。而湘军最终以地道轰塌天京城墙，工兵也几乎都是郴州人。

据忠王李秀成被俘后做的供状，太平军攻陷南京，并没有在此定都的计划，而是想“分军镇守江南，欲往河南，取河南为业”。当天王洪秀全与东王杨秀清在座船上讨论北伐，被一位“老年湖南水手”听到，他“大声扬言”，说不能去河南，因为“（黄）河水小而无粮，敌困不能救解”，“河南虽是中州之地，足备稳险，其实不及江南”。今日既得南京，“有长江之险，又有舟只万千，又何必往河南”。而且，从古以来，“南京乃帝王之家，城高池深，民富足余，尚不立都，尔而往河南何也？”秀清一听，觉得很有道理，当时他是太平天国的实际控制人，遂订下建都南京之计。

这位建议定都天京的水手是湖南人，而初期太平军水师的统帅也是湖南人。唐正才，湖南道州人，原是漕运粮船里的水手。咸丰二年（1852）冬，太平军从南方一路杀过湖南，已克岳州，拟攻武昌，正需要熟悉水战的人才，正才遂以专家身份参加革命，被东王封为典水匠，职同将军。当时太平军先克汉阳，进攻武昌，被江汉风浪险阻，幸得正才指挥水手在长江搭建浮桥，横渡大军，才能顺利拿下武昌。

而自正才入职，组织船舶，训练水手，太平军始立水营。明年正月，挥师下江南，“全军战斗人员和非战斗人员以及老人儿童共计五十万人，辎重无数，正才把这一个庞大队伍的运输工作迅速做好，艨艟万艘，帆帜如云，沿江直下，二月，就攻克南京。论功行赏，擢职同指挥。五月，封恩赏丞相。九月，升殿左五指挥”（罗尔纲《太平天国史》本传）。

正才在天京的官邸，位于“下关大王庙旁查盐卡内”，“出入乘舆，早晚奏乐”。据见过他的人描述，正才“约四十余岁，面黑有须，齿微露，外粗内诈，颇能笼络人心，各船水手船户多愿依附”。（按，以“外粗内诈”四字，形容当日主动参与太平军的人，真是生动而深刻。）太平天国固属“叛逆”，而又不尊孔子，因此，即使有“甘心从逆”的读书人，亦不得其门而入，只能让没读过书（“粗”）而富有才能不甘沦落（“诈”）的人进入队伍，横下心赌一把富贵。像正才这样的人并不少。譬如，其时有湖南安化人李汝昭，偷偷写了部《镜山野史》，说大清国“可恨者，君明臣不良，官贪民不安”，“上下相蒙，理数应乱”，“故一时变取（起）”，“并出一班英伟文武全才，辅佐太平王，积草储粮，招军养马，收聚天下勇众，如蜂蚁从王”。评其文笔，也是一个“粗”字，然而敢对造反点赞，其“诈”可知。

正才的副手，水营木一正将军许斌升，也是湖南人，原是做木材生意的商人。二人管理水营，制造兵舰，既能圆满完成东王的命令，又能体恤下属的苦衷。譬如，正才曾外调至芜湖，督运木簰至天京，“为城中首逆营造房屋”，可想而知必能讨好领袖。而东王命将“下关江口内船户水手等约有千余人”俱行造册登记，正才却隐匿大半，使实在不适合参战的人“不致调拨”，稍减征戍之苦。以此治军，上下相孚，战斗力自然大增。所以有曾经“陷贼”的士人向清廷建议，“如将唐逆先行擒获，贼之水营不难立破矣”（涤浮道人《金陵杂记》）。

天京城里还有一位湖南人，多方设法，庇护平民，令人感动。

据谢介鹤《金陵癸甲纪事略》，湖南人周才大，任巡查，“性不好杀，见老而无依者辄怜之。请于老长毛贼，议立牌尾馆。残废使守馆，老病使扫街道拾字纸，亦不打仗。于是佯病入牌尾馆者又七八千人”。（按，所谓牌尾，大概指十六岁以下与五十岁以上男子，及残病不能服兵役的人。）入馆后，并由天国“逐日发米谷，每人约三四两”，可算是乱世里勉强安身的处所。不过，后来“周才大为贼首带赴安徽，此馆又难安身”。可见此馆之设，并非天国正规制度，几乎全赖才大的一片善心。才大又为女性难民设立掩埋馆，“为女馆中抬埋死尸，先葬于城内”，后来也“可以抬尸出城”，“随又令馆中妇女自抬，遂有妇女借抬尸逃窜。此端一开，妇女得生甚众”。以此，虽然写字还称他“周逆”，记事却要说才大所设诸馆，“皆城中难民难逃出城者不得已借此藏身之计也”，显然是褒扬了。

而进入天国体制的湖南人，大致充任如下职位。如绣锦馆，“两湖贼有知画者，为伪绣锦。为之画旗画伞画轿衣，各贼首巢穴门扇墙壁，无一不画，登高上壁，勉为设色，笔墨遭难矣”。如诸王簿书，“系写贼文者”。如诸王典舆，“名为抬轿，亦可挑抬做工，贼目皆两广两湖”。如丞相检点指挥属下的“伪职书使，两湖人谓之头子”。如典天牢，如监斩衙，“皆广西两湖残忍之贼为之”。又，监造船舶，如监造金龙船总制，监造战船总制，这些职位几乎全是“湖广人为之”。而在天国建立之初，也有不甘被掳的湖南人，发动叛乱，“反戈杀贼”，不幸在铁匠馆密谋的时候，“立书歃血”，兼又痛饮，至于喝得太嗨，为东王发觉，“执其书，按名悉杀之”。

据时人统计，在天京的湖南人，咸丰三四年间，男性最多时过万，最少时有三千人，女性先有四百人，后来不满三百人。除了江苏人与湖北人，天京城中人数最多的群体就是湖南人。这只是在京坐馆的统计，在外为天国征战的人数也不会少。

# 美人小白

太平天国战争参战的除了中国人还有外国人，最著名者，一为美人华尔（Frederick Townsend Ward，1831—1862），一为英人戈登（Charles George Gordon，1833—1885）。二人事迹显明，而另有一人，则少知者，斯人即白齐文（Henry Andres Burgevine，1836—1865）。照中国传统算法，他仅活了三十年，不妨称他小白。

小白，法裔美人，其父为北卡罗来纳大学教堂山分校的法语教员，一日，与校长争吵，被殴，伤重不治而亡。七岁，随母移居华盛顿，家贫不能就学，稍长，入国会，为议员们跑腿打杂，赚点小钱补贴家用。小白志在四方，不乐以厮养终，遂弃职远游。自北卡出发，横贯大陆，抵加州，一无所获，未见其止。乃发愤，渡海，至夏威夷，至澳大利亚，至印度，途中，为水手，为邮局职员，为报纸编辑，略有历练，而终无所归。不得已，废然返国。行见以厮养终矣。适法国军方在美募勇，召族人赴欧洲与俄国战。小白谓，职场寥落，不如学战，于是入伍，时年十八岁。此役，即著名的克里米亚战争，土、英、法诸国胜，俄国败。小白在军中，以勇猛闻，获颁勋章。然而，1856年春，诸国签订和约终战，小白又失业。及至咸丰九年（1859），我们才在上海再见小白。

其时，太平军在东南，战胜攻取，如火如荼。在上海的外国人对此深感恐惧，遂联络中国官绅，成立上海中外会防局，组练洋枪队，保卫上海。初，小白在上海做外贸生意，听说成立洋枪队，不觉技痒，乃向当局请缨。他的欧战履历令人印象深刻，主事者一致同意，任命小白为副队长，而队长即著名的华尔。洋枪队初期不过数百人，小白为指挥官，不仅运筹帷幄，尚须决战前敌，不免受伤。同治元年（1862）二月，在浦南肖塘镇，他被子弹洞穿小腹，几乎丧命。疗伤期间，他写了分禀帖，申请改换国籍，称，“愿为中土编氓，听候中国官长管辖，如有过犯，亦请照中国法律惩处，此系自愿，并无后悔”。前此华尔亦改中国籍，且娶富绅杨坊之女为妻。

八月，华尔阵亡。美国公使浦安臣（Anson Burlingame，1820—1870）与小白有旧（老浦任国会议员时，小白即曾为他跑腿），极力赞成小白继任。此时，洋枪队已更名常胜军，又扩军至4500人，小白领此一军，好不得意。只是，小白的人生自此泰极否来。

东南地区大半为太平军占领，朝廷正规军近乎全面崩溃，在这个背景下，才建立常胜军，保卫上海。而随着湘军与淮军愈战愈勇，既具收复失地的实力，又成为实质的国防军——浦安臣曾向清廷建议，改编常胜军为“中央军”，不果——则常胜军这类雇佣军的战略位置渐形尴尬。论守，自李鸿章率师入苏，上海防务早已稳固。论攻，常胜军受制于诸国不介入中国内战的中立原则，不能肆意主动攻击太平军，而在实际战术操作，常胜军苦于人数不多，能克城而不能守城，非与淮军合作，不能奏功。最重要的，则是论饷，常胜军费用远较湘、淮军为高昂，统帅曾国藩与李鸿章对此早已不满，一有机会，必然解散其军，将节余兵饷取为己用。

形势如此，而性格不合也是招祸的原因。小白尝与淮军第一名将程学启争功,发誓要率军攻入开字营,将学启揪出来,施以惩罚，且扬言,学启的老大李鸿章倘若护犊子,不主持公道,也要一并捆起，押去上海游街。鸿章固然是学启的老大，依组织原则，他也是常胜军的老大啊。小白这话，过了。国藩曾问鸿章，汝去江苏，将如何与夷人打交道？鸿章答，学生自有一副“痞子腔”对付他们。孰知鸿章未开腔说痞话，小白先撂下狠话，那就怨不得鸿章下黑手了。

其时，湘军攻南京不下，国藩命鸿章调开字营助攻。鸿章接信，承诺赴援，所调之部却非开字营，而是常胜军。同时，鸿章遣英国军官任常胜军参谋，玩弄狡狯，以为牵制计——常胜军中，英籍官兵 1850 人，法籍 400 人，中国籍 2300 人，英国外交官早看不惯由一个美国人统率这支军队，故力挺鸿章的“掺沙子”之策。此外，对此军勒饷吝赏，亦是鸿章的惯技。经此折磨，常胜军军心涣散，以致小白奉到调令，却无法指挥如意。高级军官联名上书，以饷欠为由，拒不开拔。小白无奈，只得亲去上海，解决财务问题。军饷由泰记钱庄杨坊负责发放，小白找到他，问何日放饷。坊云，钱已备妥，将军订下何日启程，本庄即何日付款。这边说有钱我才出发，那厢说先出发你才拿钱。这就是痞子腔，故意耍流氓呢。小白怒，抬手就是两记耳光，再搜出四万银元，拿去军中发饷。这事一出，何尝不是鸿章与英国人乐见的结局呢？鸿章旋以“殴官违令”，通缉小白。当然，也不是真要锁了他，令其知难而退，也就罢了。

一夜之间，从统帅变成逃犯，情何以堪。一怒之下，小白投了太平军。打人，是性格不好；抢钱，尚情有可原。投敌？性质就严重了。小白知其误，不过一月，即与新任常胜军队长戈登联络，取得谅解，离开了敌营。只是，经此反复，军人的荣誉已被玷污，至少在中国，军界是没得混了。后经美方调解，中方撤销对小白的通缉，以永不录用驱逐出境结案。其后，小白去日本、美国混了一阵，极不如意。洋装虽然穿在身，我心依然是中国心，同治四年春，小白竟又潜回中国。

太平天国已经覆亡，只有残部在闽、粤负隅。小白不知如何设想，悍然决定再度投奔太平军。不幸的是，他被相识的英国人检举，扭送至淮军郭松林部。援例，可以将他交给美国领事押解出境；鸿章却命松林将其押至闽浙总督左宗棠的行辕接受审讯。据鸿章奏报，闰五月初四日，押运小白之船，驶经浙江兰溪，“风大水急，翻船溺毙”。

消息传到北京，代理美国公使卫三畏说：假若他们故意淹死他，他们为自己和美国省去了不少的麻烦。此前，他致书国务卿，云：一个美国人竟然表现出这样恶劣的姿态，真使我感到耻辱。

# —— 女馆错在哪儿 ——

太平天国有“女营”与“女馆”制度。战时设置女营，营中多为将士的家属，多做后勤工作，也偶有出战致捷的时候。平时设置女馆，将占领区内妇女收置一区，禁与男子往来，即丈夫儿子兄弟亦不许接触。天京城内的女馆，人数最多的时候有十万人。

执行女馆制度很严格，一般平民不必说，夫妻母子犯了规，俱受杖责，甚至杀头。即使是太平天国的高官，犯规也要受罚。这是天王定下的“天条”，可想而知，犯了天条是一件多么严重的事。

据当时“陷贼”的士人说，有两位侯爵，因犯天条，俱获严谴。其一“系与其妻私通”，因此革职。天条高于法律，亦高于人情，所以才出现“与其妻私通”的奇葩罪行。另一位，是秋官丞相陈宗扬，偷至女馆“与其妻私会”，不知怎么想的，竟联合其妻将同馆的东殿女承宣官（东王杨秀清之妹），“用酒灌醉，将其奸淫”。案发，秀清“谎谓天父下凡，将陈宗扬夫妇杀害，又将其妹责二百板，以为虽系酒醉，究竟不应从也”。

立法这事，其实无所谓善法恶法，只要人人守法，无人枉法，禁止例外，则是法治。一旦有例外，则世界最美之法，也是恶法。对太平天国的女馆制度，若仅从违背人伦，虐待妇女去批评，实未挠到痒处，应该批评的是，天国之内，是否人人都遵守了“严别男行女行”的法律。事实是，有五个人不必遵守。

“洪（秀全）杨（秀清）韦（昌辉）石（达开）秦（日纲）五逆，各该犯处均有妇女在内，或千百人，或百余人”。诸处王府的女性，“美丽粗恶皆有”，长得美的多是从湖南、湖北、安徽、江苏等处掳来的妇女，“恶者皆系广西真贼女眷，能于持刀拒敌，则为该犯等贴身女兵”。记录者于此或抱地域歧视，掳来的几乎都是美女，固然可信，然谓桂产皆系“恶者”，恐非事实。不过，关键问题不在地域攻击，而在不平等。“除此五逆以外，余贼虽伪官至丞相名目，不许有妇女同处，即母子亦必别居，违者即为犯天条，贼法当斩。”

试问，所谓天条就是不可丝毫违反的法律，那么，天王以下这五家是怎么回事，他们守的另有天条不成？以此，当日在天京城里的围观群众要问一个朴素的问题：“何以群贼肯甘心输服？此等贼理，殊不可解。”

很快就有了答案，女馆制度实行不到一年，即告废除。违背伦常固应为人唾弃，废除的根本原因可能还是另一种隐忧，即因此造成的不平等导致人心摇动，为敌所乘，适如围城中人所设想的：“倘有间谍者使之因此内讧，畀大兵得以乘机剿灭，亦殊快事。”

# 辑五

# —— 谁先说要结拜兄弟 ——

湖广总督官文与湖北巡抚胡林翼，俱是清廷战胜太平天国的功臣。当时，他们的官署皆在武昌。总督号称管辖湖北、湖南二省，实则管不到湖南；巡抚虽是一省之长，可总督免不了要对湖北的用人行政指手画脚。二人关系若处得不好，就会出现所谓“督抚同城之弊”，轻则相见时皮笑肉不笑，重则斗他个你死我活。不过官、胡共事数年，不仅相安无事，更能同舟共济，破了清代官场的魔咒，堪称佳话。

普遍流传的说法，谓胡林翼走如夫人路线，请老母收官文之妾为干女儿，借机与官文结拜，为强强联合打下稳固的基础。曾任湖北布政使的庄受祺，熟悉这位如夫人的来历，说她出身“四川灶婢”，“历尽磨折”，辗转来楚，不知怎么就成了官文的小老婆。庄氏于此不愿明言，让我猜的话，极有可能是操了淫业，撞见总督大人微服私访，才订下终身。“不数年”，官妻逝世，此妾竟“立为嫡室”，“饮食起居拟于公侯，且有过之”，而且，官文对她还

“甚畏之”。或亦因此，近人笔记才会说，此妾调停官、胡之争，对她老公说了一句，你懂得什么，听我胡大哥的就好了啦。

只是，还有一种说法。胡林翼出身官二代，早年在北京认了文庆做大哥，且曾共历患难，在江南科场案中为大哥顶包，受罚不轻，及至出任巡抚，文庆已是军机大臣，协办大学士。兼又时丁战乱，林翼则是当时湘军的领袖，动关大局。他怕不怕官文，要不要倾心结纳官文，还真不好说。

以此，在湖北官场军界深度混过的李云麟在光绪年间辟谣，说大家千万不要以为官文“百无一长”，甚至说什么他能封伯爵，也全靠曾国藩让功。官文最大的优点，不在于“雄长三军”，而在于“牢笼百态”。当然，给他搞出很多状态的就是胡林翼了。

据李氏之言，林翼就任，根本瞧不起官文，“事多不商酌而径行”，而对以前官文任用的干部，不仅不让升迁，甚而降级开除。督署中人“皆为不平”，请总督也参劾几个巡抚任用的干部，以为报复。官文冷静，“力持不可”。一日，巡抚令人持令箭至督署请饷，声言拿不到钱就不走。幕客大怒，对官文说，巡抚对总督如此无礼，您还能忍的话，我们以后可再没脸在这地儿待下去了。于是，坚请总督奏劾巡抚，草稿都打好了。

不得已，官文开导他们，问，你们谁能“提一军而御寇”，“如胡某乎”？皆曰“亦似不能”，再问，“即我出而剿寇，能如胡某乎”？又曰不能。官文说，这不就对了嘛，“我无彼不能御敌，彼无我不能筹饷”，胡大人“独任其劳”，咱们“安享其逸”，还要怎样？别闹，都散了吧。

据说林翼听到了这段对话，“深悔所为”，亲向官文道歉，官文则“与之约为兄弟”，“从此楚军不可动矣”。

## —— 官界佛子 ——

淮系大员中有几个著名贪官，被人编了口诀，曰：“涂宗瀛偷窃；刘秉璋抢掠；潘鼎新骗诈；唯李瀚章取之有道。”同是贪污受贿，涂、刘、潘要钱不要脸，手法拙劣，就被人瞧不起，而瀚章却得了个“君子爱财，取之有道”的优评，可见，“盗亦有道”这句话还真不是随便说说的。

瀚章是鸿章他哥，入湘军幕府，犹早于鸿章。早年以“临事缜密，所为公牍简洁得要”，大为曾、胡欣赏，不过十余年，便从知县升到总督。战争时期，他管理湘军后勤，军队那会儿正缺钱，他没好意思搞腐败。和平时期，任职所在地都是川、粤等富裕之区，再不往家拿点儿，就说不过去了。只是，憋了这么久，猛一放松对自个儿的要求，下手不免失了轻重。入川为督，途经彭山——眉山属下小县——他要求县令置办灰鼠皮帐盖四顶、燕窝若干盒。小县哪能办出这么高级的“供应”？县令“哭乞”减免，瀚章愣不应允，最终还是拿了笔巨额现金走人。

贪官也要慢慢历练，不断成熟，调任两广总督后，瀚章便摒弃了“如盗贼然”的风格，走上“取之有道”的“正路”。其时，广东巡抚是满洲人刚毅，背景深，后台硬，“任官多自专”——买官卖官最具效益——瀚章不敢得罪他，无奈，只得退而求其次，“尽鬻（售）各武职”。某年，瀚章生日，有杨某者送礼金一万两。杨某，原系李鸿章家厨子，“积军功保至提督”，然徒有空衔，并无实任，听说李家大老爷可安排补缺，赶紧凑足银子到广州来“跑官”。瀚章二话不说，给他补了个钦防统领。杨某到任，一打听，此职月薪不过三百，且无油水；欲收回投资，至少在三年以外，回报率如此之低，早知道做什么官啊！杨某跑到督府诉苦，瀚章一听，骂了声“蠢材”，便不理他，令门丁去开导。门丁将他叫到一旁，说：“大老爷让你做官，可没说让你靠薪水生活。你手下不有那么多管带之职么？我告诉你，如今想做管带的人可海了去了。你那榆木脑袋就不能开开窍？”杨某一听，大彻大悟，回营，便将现有管带全部开革，所有空缺职位“竞标”上岗。不几天工夫，不但收回成本，还净赚三千。

行贿买官如杨某者甚多，瀚章都让他们“未尝有亏耗”，由此获得“取之有道”的美誉。瀚章又能将心比心，任官三十年，从未以“贪酷”参劾过任何人，人送外号“官界佛子”云。

## — 曾纪泽的英文名 —

近日因“睡狮已醒”之喻，引发不少考证与议论，其中有人提到晚清外交家曾纪泽《中国先睡后醒论》这篇文章。1887 年，曾纪泽以英文发表此文，题 *China, the Sleep and Awakening*，刊于 *the Asiatic Quarterly Review*（《亚细亚评论季刊》，vol. Ⅲ，Jan-Apr，1887），向欧洲人介绍中国的内政与外交，署名 Marquis Tseng。

文章发表后，有香港西医书院倡办人何启，不以为然，“试问中国果醒矣乎”，特撰长文《书曾袭侯中国先睡后醒论后》，痛驳之。十余年后，义和团运动其间，曾纪泽在北京的住宅被“义民”洗劫一空。“果醒矣乎”？

或以为 Marquis 是曾纪泽的英文名，其实误会了，Marquis 是“侯爵”之义，而纪泽承袭了其父曾国藩的一等毅勇侯爵位，故以此署名。而在 *The Annual Register: A Review of Public Events at Home and Abroad for the Year 1890*（ed.

By Edmund Burke， Volume 132，1891），他的姓名拼写为Tseng Chilse——原书如此，应是误植，照威妥玛拼写规则，当作 Chi-tse，这大概才是他的英文名字。

《中国先睡后醒论》发表时，曾纪泽已经卸任，回北京，入总理各国事务衙门任职，并在这年成为第一位用英语向各国驻华使节祝贺新年的清朝官员。

据曾纪泽光绪十二年（1886）十二月十四日记："辰正二刻往译署（按，总理衙门），未初一刻，偕第三班同事暨部官赴法、德、比、美、英、日本使署贺岁，申正一刻毕。"这是在旧历新年前向各国外交官拜年，然而没有描述细节。

而在孔祥吉、村田雄二郎合著的《罕为人知的中日结盟及其他：晚清中日关系史新探》中，引用日本驻华公使馆书记官中岛雄的《随使述作存稿》，则详细记叙了曾纪泽拜年的细节。

略谓，这一日（1887 年 1 月 7 日），曾纪泽回国未久，即与总理衙门王大臣及各部尚书，向驻京各使馆的外交官道贺新年。当他进入日本公使馆，见到日本驻京公使盐田三郎及其他使馆人员时，首先说了一句"Happy New Year"。这是盐田公使头一次在北京城听到一个清廷官员向他用英语道贺新年，自然觉得又惊又喜。也许是有史以来，在北京城里，头一次由中国政府高级官员，正式用英语向洋人道贺新年。

因此，在场之人无不感到惊奇。

当然，与曾纪泽同来的总理衙门及其他各部官员，大多并不知道曾纪泽所说英语的意思，可是他们都认为在东洋人面前说洋话，总不是一件好事。而且，当他们通过翻译弄明白，曾纪泽是在用英语对洋人说“新年好”的内容时，更认为曾纪泽是胡来。据在场的中岛雄记述，曾纪泽代表总理衙门用英语向盐田公使道贺新年时，“引起满朝人的嫉视”，都在指责他实在对“外人过于亲密”。

在这种氛围中，曾纪泽所谓“中国先睡后醒”，实在是太讽刺了。

# 天生急遽郭亲家

有副对联是这么写的："好人半自苦中来，莫图便益；世事多因忙里错，且更从容"，题了上款："云仙贤弟亲家性近急遽，纂联奉赠"，还有下款："同治元年八月曾国藩。"用联语关键字在网上一搜，可以看到颇有几人藏了这幅"真迹"，而在拍卖公司落槌成交，至少有三次，价格从数万至数十万元不等。从书法来看，这些"真迹"大同小异，似有共同的祖本，或者其中有一件是"真迹"，其他则是仿本。直到读了黎泽济《曾国藩的书法》（载《文史消闲录续编》），才知道，什么都是浮云，这些全是赝品。黎文云：

> （曾国藩）驻军安徽祁门时，郭嵩焘去看他，他特撰写"好人半自苦中来，莫图便益；凡事多缘忙里错，且更从容"的对联赠郭。先兄泽洪为郭氏孙婿，此联后归先兄，惜抗战初毁于长沙大火。

作者出于湘潭黎氏，是近代湘乡世家，虽所记出于追忆，文字有出入，书赠地点亦误（是安庆而非祁门），而于此联下落，言则有据，洵为定论。［按，郭嵩焘（1818—1891），字伯琛，号筠仙，又作云仙，湖南湘阴人，子依永，娶国藩女纪纯，故称“亲家”。］查郭氏日记，知“同治元年八月”，嵩焘应江苏巡抚李鸿章聘，自湖南去上海，中途在安庆歇脚，连日与两江总督曾国藩畅谈，做足了任前准备工作。闰八月初六日，嵩焘辞行，国藩临别赠言，“又赠联语”云云。再查《曾文正公手写日记》，闰八月初九日，“纂联赠郭云仙”云云。殆为初六日构思，初九日写赠。网上所见此联图片署期皆作“同治元年八月”，漏了一个“闰”字，与二人所记不符，当然，非说国藩书联时误“闰八月”为“八月”，也不是没可能。

此联真迹不存，史上确有此联不假，请择其“急遽”二字，代古人略抒其中的意蕴。

从文义看，此联不是用来补壁的装饰品，而是两句箴言，甚可说是训语。既云“莫图便益”，再云“且更从容”，那么，则是说嵩焘素来好贪便宜，不能从容。如此措词，决不客气。跋文又说嵩焘“性近急遽”，则似暗示嵩焘贪便宜、不从容的病根，正在“急遽”二字。

道光二十五年（1845），嵩焘赴京会试不售，国藩特地写了《送郭筠仙南归序》，一则略示安慰，一则凛然相儆。安慰的套话不提，只看首尾两段儆戒语。首云：“凡物之骤为之而遽成焉者，其器小也”；末云：“孟子曰‘五谷不熟，不如荑稗’；诚哉斯言也，筠仙勖哉。去其所谓扞格者，以蕲至于纯熟，则几矣。”意谓，此次不中，非关运气，只怪你修养未臻“纯熟”；再不警省，哪怕你禀赋上佳，也会落得“不如荑稗”的结局呢。即此可知，早在写下这副对联以前，国藩已看出嵩焘有希冀“骤为之而遽成焉”的毛病。“骤”与“遽”，正是“急遽”。

而写作此联的时事背景，则是李鸿章创立淮军，经国藩密保，升任江苏巡抚，他一向欣赏嵩焘的人品与才干，欲请嵩焘到上海帮忙，奏充江苏布政使。岂知国藩闻讯，大不以为然，当即致书阻止，云：

> （嵩焘）性情笃挚，不患其不任事，而患其过于任事，急于求效，宜令其专任苏松粮储道，不署他缺，并不管军务饷务。使其权轻而不遭疑忌，事简而可精谋虑，至要至要。

此书作于赠联的同一天。论做官，布政使当然优于粮道，鸿章显欲提携嵩焘，而国藩作为鸿章的老师，嵩焘的老友，本应高兴才是，怎么非要杠一横炮呢？从“患其过于任事，急于求效”一语而论，殆仍不放心嵩焘的“急遽”。果然，嵩焘抵沪，仅任粮道，未署布政使。

嵩焘似已接受了国藩的劝诫。他在江苏任上，不仅发扬了筹兵筹饷的本领，还参与主持苏松减赋的大事，明年，以绩优，诏命嵩焘署广东巡抚。倘若嵩焘自此捐除“急遽”之病，臻于“纯熟”，“从容”行事，那么，国藩的赠联还真有大效。但是，变换气质，谈何容易。嵩焘在粤抚任内，老毛病再度发作。先与两任总督毛鸿宾、瑞麟闹别扭，其后，又与左宗棠（时为闽浙总督，也是他的亲家翁）大生龃龉，闹得狼狈不堪，最终辞职了事。回家后，嵩焘愤愤不平，写信给国藩，痛斥宗棠“倾轧”，并请主持公道。国藩复书，不仅不为他抱不平，反而要他自省，云：“（汝）每遇褊急之时，有所作为，恒患发之太骤”（同治五年五月初四日）。

这一回，嵩焘不再领国藩的情，他觉得自己没错。于是，四处写信，“揭露”左某人的“劣迹”，号召天下人共弃之，文祥、李瀚章鸿章兄弟、沈葆桢等人都接到了他的控诉状。效果不怎么好。宗棠依然直上青云，嵩焘依然命交华盖，士林舆论也未因此改观。嵩焘自此隐居不出，直到光绪三年（1877），方奉命出使英国。以前因“急遽”在处理国内事务时犯了错吃了亏，如今，出使是外交任务，嵩焘该舒气扬眉了吧？不然。在国外，他与副使刘锡鸿产生矛盾，明争暗斗，又败下阵来，最终托病归国。

回到湖南，嵩焘心灰意冷，誓不再出，日以修志读礼解庄为乐，似已彻底捐弃了“褊急”之病。但是，当他听到左宗棠逝世的消息，仍在日记里写下“公负我，我不负公”这样的话，至死也不原谅老朋友。其实，细按史事，即知左郭交恶，关于公事者八九，因性格矛盾而产生的误会，微乎其微。嵩焘非要念念不忘，仍是“褊急”本色。他又在回忆录《玉池老人自叙》中历叙自己推举曾、左的功劳，自诩安邦治国之才，而慨叹生平际遇不及二人，以致未能建功立名，末云：“生平学问文章，勉强可以自效，而皆不甚属意，唯思以吾所学匡时正俗，利济生民，力不能逮也，而志气不为少衰。”表面上，达观知命，究其实，还是一肚子牢骚，依然“褊急”也。

当然，这个毛病，嵩焘何尝不自知。他总结平生，即云：“吾性卞急，于时多忤”（《萝华山馆遗集序》）。平心而论，嵩焘之德行学问，超迈时流，尤其对外交的见识，堪称海内一人而已。但是，天生“急遽”，怎么也改不好，因此，所遇不合，郁郁而终（自题像赞云“学问半通官半显，一生怀抱几曾开”）。西谚云性格即命运，殆谓此耶？

# —— 木关防轶事 ——

清代的总督与巡抚，是所谓封疆大吏，然在最初设立的时候，并非常设官职，只是临时差使。清代制度有很多地方沿袭明代，这是一条显例。因为命官与派差的不同，皇帝给他们刻的公章也不一样。有职有守的官员，如六部的尚书侍郎，各省的布政使与提督，每县的县令，手里拎的是正方形的官印。而临时派遣的使者，不论是前述的督、抚，还是钦差大臣，以及各省的学政、总兵，怀里揣的都是长方形的关防。如直隶总督的关防，分为左右两栏，各以九叠篆体的满、汉文，写“直隶总督管巡抚事兼理河道关防”，其他类此，唯钦差大臣关防在二栏中间加铸一行满文。此外，除了形状不同，钤盖官印用朱红印泥，关防用紫红色水，也是区别。

关防多以铜铸，也有用木头刻的。如各省的乡试，主考官为钦点的京官，从首都奔赴考点，固然携有“钦命知贡举”的铜质关防，而总督、巡抚充当考试的监临官，虽是为期不过一月的短差，盖章的时候却不少，必须配个关防，往往就“所钤用木刻也”（吴振械《养吉斋丛录》卷二十一）。不过，还有一些特殊时刻，则不但充任监临用木关防，甚至巡抚、总督关防也是木质的了。

咸丰十一年（1861）十一月，杭州被太平军攻陷，浙江巡抚王有龄自杀，十二月，两宫皇太后接受两江总督曾国藩的推荐，任命左宗棠为浙江巡抚。其时宗棠率“楚军”在安徽婺源一带征战，既遥领巡抚浙江之命，须写谢折，须察吏，须征饷，都要用到关防，可是关防在杭州城中，急切不能取用。据说，闽浙总督庆瑞善体人意，很快就刻了一个木头关防送到行营，然而宗棠不近人情，竟将送关防来的委员大骂一通，说不该拿临时公章敷衍正印命官，民间至有谚语，谓“左京卿不受木关防”云。（按，前此诏授宗棠太常寺卿，故称“京卿”。）事见许瑶光《雪门诗草》卷十《长歌行赠李树唐》自注。

只是，这么讲故事，或许有些趣味，却非实录。当时给左大人送关防的是闽浙总督特派员谢兰生，他在回忆录中说，此行完成了两个任务，先去南昌“催兵提饷”，再则“护送巡抚关防”，“驰抵安徽婺源县行营”，将那块重要的木头妥交到新任巡抚手中，并领了“回文”（谢兰生《厚庵自叙年华录》“咸丰十一年”条）。尽管当时许、谢皆在浙江做官，但谢是当事人，他的口碑当然比许的耳食更可信。

其实，拿木头章子办公，不仅宗棠一人，也不仅这一时。他的举荐人曾国藩，自咸丰二年奉诏襄办湖南军务，直至十年出任两江总督，“办理军务皆用木质关防”，且还都是自己刻的，其间头衔换几次，关防就改刻几次，以致皖、浙两省官场经常拿这事调侃他，或说伪造，或说关防文样与备案不符，动辄退回文报，耽误了不少事儿。咸丰七年，国藩退出政坛，即与受不了这份羞辱有极大的关系。王闿运尝作诗咏国藩在湘江投水自杀未遂事，有句云：“空船坐守木关防，直置当锋寻死处”（《湘绮楼诗集》卷十一《铜官行寄章寿麟题感旧图》），十分敏锐地理解了木关防给国藩带来的严重精神损害。

也不能说此后国藩就与木关防尤其是与之俱来的痛苦绝缘。同治五年（1866），国藩统领诸军，与捻军在黄河两岸逐战，疲于奔命，师久无功，屡受廷旨切责，遂有生亦何欢之叹，而弟子李鸿章崭露头角，圣眷方隆，浸有取而代之之势。其时，国藩以捻军为“流寇”，乃订战略，略谓，“捻匪已成流寇，官兵不能与之俱流”，只能“择要驻军，不事驱逐，以有定之兵，制无定之寇”，而与之配合的战术则是在黄河、胶莱河与运河岸边树立土墙，阻遏捻骑，步步为营，将捻军赶到山东半岛，再以重兵围剿。对此，鸿章写信给国藩的助手，云：“古有万里长城，今有万里长墙，不意秦始皇于千余年后遇公等为知音”（刘体仁《异辞录》），轻薄不屑之态，溢于楮墨。

国藩无奈请退，让鸿章来做统帅，不过，他在此要了一道“挺经”。当时他的身份是协办大学士钦差大臣两江总督一等侯，若退，只是卸去钦差大臣的差事，离开大营，回到金陵两江总督本任，而作为朝廷高级官员地位象征的协办大学士与劳动模范象征的侯爵，皆可保留。然而，五年十一月十七日，他奏请“刊用木质关防”，即再次自费刻一颗木头，申请的文样却是“协办大学士两江总督一等侯行营关防”，粗一看，删去钦差，保留协办、总督与侯爵，与前说无异，再一看，加了“行营”二字是什么意思啊？意思很丰富，而最直接的意思是“仍以散员留营，帮同照料”，最直白的翻译则是“咱就赖这了你说咋办吧”（《曾国藩全集·奏稿》九）。

当然，挺经的真义并不是小童借哭闹非抢到玩具不可，成年人都知道一味瞎闹换来的只有耳光，或者喷剂，坦克就太过分了。挺经之挺，是在看似万难措手的局面下，务必挺住，哪怕只挺一分钟。至于这一挺的妙味，极难言喻，且限篇幅，容俟后论。

结果是国藩没挺几日，仍回南京做总督，检点莫愁湖的风月，视察金陵书局的进度，与心腹幕友赵烈文吐吐槽。及至明年，他就忘了挺经，讲开了谐经。恰逢其弟湖北巡抚曾国荃与湖广总督官文斗法，二人在一王二后前疯狂比拼告黑状揪小辫的功力，最终国荃胜出，官文奉诏革去总督，仍以文华殿大学士身份赴京供职。国藩对此有评论，说：“官相处分，内臣戏弄出之，以大学士赴京供职，则总督去留，无关紧要。以极轻之事，而下革去极重字样。”国藩为啥要这样评呢？原来，梗儿是他自己的：“我去岁陈言，请注销侯爵。以极重之事，而下注销极轻字样。”（按，奏请注销侯爵是五年十月十三日事，奉旨“著无庸议”。）

恰在国藩私下乱喷的时候，鸿章在前敌终于体会到乃师的苦心，即对付流寇，真不能与贼俱流，“万里长墙”看上去是笨办法，其实是好办法。思想问题解决了，接下来就好办了，师徒俩一前一后，一淮一湘，心手相连，如臂使指，终于解决了敌人，皆大欢喜。鸿章抽空还为国藩的冷笑话做了总结：“事在一时，天然的对，可谓绝世文心。”（赵烈文《能静居日记》，同治六年八月二十八日）

# —— 能静居日记 ——

近代史料，有所谓“晚清四大日记”之说，指翁同龢、李慈铭、王闿运与叶昌炽的日记。或以曾国藩取代叶昌炽，让达官与才人在四大里势均力敌，也是一说。但是，曾国藩的日记究嫌篇幅太短，记事太简，下笔太谨慎，且在身前常为师友家人取去传观，不免有失真矫饰的毛病。若要撤换缘督庐（叶氏自号），最合适的候补者，则不能不推赵烈文《能静居日记》为第一。

赵烈文（1832—1893），字惠甫，号能静，江苏阳湖（今常州武进县）人，是名臣之后（六世祖申乔，康熙时仕至户部尚书，谥恭毅），官宦子弟（父仁基，湖北按察使），妻族也很显赫（其妻是两广总督邓廷桢的孙女）。然而他自己三次参加乡试，都没考中，不能继续官宦的家传，于是绝意仕进，跟着姐夫周腾虎混迹江湖。

腾虎是当代“奇人”（烈文语）。二十岁出头，随父（凤翔县令）至陕西，其父作诗饮酒，不理正事，衙门公务都让腾虎代办，竟然井井有条，“政无巨细皆治”。周父卒于任，小周回到江苏老家，时任巡抚林则徐早闻大名，遂邀入幕，礼貌有加。此后，则徐调任，腾虎出幕，在江淮一带，先后参与盐业改革与厘务创新（其实是去做了官商），发了横财，在苏州享福。直至太平军杀来，仓皇亡命，投奔曾国藩大营，再做幕宾。如同历任居停主人，国藩也很欣赏腾虎，“每论事，穷日夜不舍”，即在此时，腾虎向国藩推荐了自己的小舅子赵烈文。

于是，咸丰五年（1855），国藩派人去江苏找到烈文，奉上二百两银子做路费，请他来营帮忙。其时，烈文二十四岁。二人一见倾心，国藩并请弟子李元度示意，让烈文拜他为师，而烈文思欲自立，不甘以“暱近”为进身之阶，竟然谢绝了（十年后，感恩多年的“豢养”，且即将出幕，再无傍大腿的嫌疑，才正式拜师）。旋丁母忧，明年，烈文返乡。十年，太平军连克苏、常，攻溃江南大营，烈文率亲族百余人，逃难至上海，而物价高昂，谋生乏术，“每过午即不得食”，只能再迁往生活费用更低的崇明。若不设法，则只有坐吃山空、坐以待毙一条路，烈文不得不重回曾营，觅一碗饭吃，这时已是十一年七月。

烈文不是正途出身，书却没少念，而在上海避难，忍饥之余，亦见识了洋场，理论联系实际，旧学考验新知，融会贯通，乃较六年前更得国藩的欣赏。以此，在年终保举人才的折子里，国藩给烈文下了“博览群书，留心时务”的赞语，奉诏咨送大营录用，负责洋务方面的工作。次年，又保了县丞，居然曲线进入了官场。

国藩之弟国荃，正率兵围攻南京，在同治二年（1863）见到烈文，也是欣赏得不得了，强行从国藩身边抢走他，请去大营，以为顾问。烈文初至，国荃命在营的一二品高级将领，“公服投刺迎接”，而有公文要请删润，下款都写“国荃敬恳”字样，极尽礼遇。湘军克南京，烈文才重回国藩幕府。此后数年间，下班后，二人常相纵谈，公事私事，毫无忌讳，亲切如家人。这些谈话的记录，以及平日在军中在官场的闻见，就是《能静居日记》作为近代史料最有价值的地方。

举一个例子。国藩一生谨慎，人所共知，若非有这部日记，我们绝不会想到他会这样评价朝廷官员：

> 两宫才地平常，见面无一要语（按，此谓慈安慈禧两太后尽说废话没见识）。皇上冲默，亦无从测之（按，此谓同治皇帝无语呵呵太肤浅）。时局尽在军机恭邸（恭亲王奕䜣）、文（祥）、宝（鋆）数人，权过人主（按，此谓统治集团不和谐，暗藏杀机）。恭邸极聪明，而晃荡不能立足（按，此谓奕䜣轻佻唯恃小聪明）；文柏川正派，而规模狭隘，亦不知求人自辅，宝佩蘅则不满人口。朝中有特立之操者，尚推倭艮峰（仁），然才薄识短（按，国藩对自己的理学导师批评起来也不留情面）。余更碌碌，甚可忧耳。

总而言之，庙堂无人，国将不国。若此，吾人平日熟知的曾文正公似乎变得陌生了。可是，只要想到国藩在家书里谈文学，不把当代古文大师梅曾亮放在眼里，谈艺术，不把当代书法大家何绍基放在心上，对以上这几句吐槽，吾人或也不觉得扎眼了。窃尝谓，国藩本质是一个进取有为的“狂派”——不然天天念叨“挺经”做啥用？若是有所不为的狷者，应日诵停经才对吧。此外，国藩对李鸿章、左宗棠、沈葆桢等名人的吐槽，对各种人事的非主流意见，日记里还记了很多，套句俗语，足以展示一个“你不知道的曾国藩”。

《能静居日记》原稿是烈文亲笔，行草密书，涂改不少，若非经过点校排版，不说普通读者，即专业人士，拿着这个影印本，也号为难读。1917 年，《小说月报》节钞连载了一部分，作者名错写成“赵伟甫”（据印晓峰先生云，整理者恽铁樵称烈文为乡前辈，伟与惠，吴语字音相同，不误也），这是《能静居日记》首次面世。1961 年，罗尔纲主编《太平天国史料丛编简辑》，选取有关太平天国战争的内容，标点了三百余页。1964 年，台北学生书局出了影印本，这是目前最常见的本子。今年秋天，全帙标点本《能静居日记》面世，读者总算有了眼福。只是，最新的本子，不免错误，甚至不能说少，令人慨叹。

不过，网友小绿天说，烈文子宽，用楷字校录了一个副本，藏于南京图书馆，而 1961 年《太平天国史料丛编简辑》所用底本正是这个抄本。如果新出的整理本参考了这个抄本，今天读者就不必慨叹了，唉。

## —— 越缦堂与湘绮楼的孽缘 ——

所谓晚清四大日记，这个品题应该是金梁首创，他编了一部《近世人物志》，汇抄四部日记中的月旦评，分系诸人，各成小传，自谓“知人论世，发潜搜隐，实可补正史所不及”。有趣的是，四大中的李慈铭与王闿运，默默在日记里互相吐槽，可为文人相轻这个永恒的题目添一些谈资。

李慈铭（1829—1894），字炁伯，号越缦，浙江会稽人，四十二岁成举人，再十年中进士，六十六岁考取监察御史。王闿运（1833—1916）字壬父，号湘绮，湖南湘潭人，二十岁成举人，终身不仕，七十四岁，以“湛深经术，淹贯礼文”，特授翰林检讨，入民国，任国史馆馆长。比较二人简历，可知慈铭“一生偃蹇”，“浮湛郎署”（日记中语），垂老考取御史，却不旋踵而殁。闿运则是少年成名，会试虽然不售，而文名藉甚，结交尽老苍，俨然高大上，兼得长寿，居然国老。二人际遇也有相同的地方，一则“《儒林》《文苑》，胥为通儒”，一则潘祖荫、李鸿章与张之洞是他们共同的好朋友。唯闿运自少年即遨游于公卿间，从旧时代的权臣肃顺、曾国藩，到新世界的伟人袁世凯、谭延闿，皆有交情，此则慈铭所不能比。以此，慈铭骂人特狠，“陷于匪人而不自知”（日记里的自我批评），或可理解。

同治十年（1871）六月廿五日，张之洞请慈铭赴宴，饮酒论学，听说同席还有闿运，慈铭“辞以病”。而此前的三月廿八日与五月朔日，分别在天宁寺与龙树寺，有两场大局，闿运先后做了主宾与主人，慈铭亦皆与会。看来，闿运在派对里给慈铭留下了很坏的印象，到了眼不见为净的地步。

明年四月初六日，慈铭完整记录了对闿运的观感：“王君之诗，予见其数首，则粗有腔拍，古人糟魄尚未尽得者。其人，予两晤之，喜妄言，盖一江湖唇吻之士。”所以有这段评语，是因为之洞聊到当世诗人，特别欣赏闿运的“幽奥”与慈铭的“明秀”，至谓南王北李，“一时殆无伦比”。之洞是诗坛大鳄，如此许可，本应高兴才对，慈铭却认为之洞尽管是好朋友，在这个问题上确属胡说八道，而当面不好意思直斥其非，回家不得不在日记里记上一笔，否则无以泄其悲愤。而论闿运其诗其人云云，则表示在慈铭的心中，闿运不过是个混混，毫无可取之处。

至于“江湖唇吻”，具体是一副什么嘴脸，可以参考张佩纶（按，张爱玲的祖父，鸿章的女婿）写给李鸿章的一封信。其时，闿运致书鸿章，畅论夷务，鸿章将这信转给佩纶，请提意见。佩纶才大如海，又讲求新学，对闿运的信大不满意，斥为“腐儒之经济，门客之游谈”，并说闿运写写信打打秋风也就罢了，倘敢当面瞎说，“佩纶当手捉松枝，力折五鹿之角，令其目瞪舌挢而去”。佩纶说闿运是“腐儒”而为“门客”，只求讨口饭吃，决不能责以实效，这正是“江湖唇吻”之评的正解。再者，说闿运不谙洋务也就算了，信末，佩纶竟说：“篇中好用庄子。庄子大有作用，不是无用者。不但不知洋务，亦复不知庄子。名士如画饼，此辈是也。”（按，闿运一生治学，颇以能注庄子自喜，而佩纶竟连这一点也给否定了，无乃太苛。）佩纶以中法之战败绩论遣戍，闿运在日记中常以“张军犯”称之，是谑耳，究未如佩纶在背后如此诋谌，近乎虐也。

《湘绮楼日记》评论慈铭则宽厚多了，如光绪十八年（1892）五月二日记：“看李老友撰潘伯寅墓志，虽不得体，亦尚不俗”。而在《越缦堂日记》里找这么一条不是完全否定的内容还真不容易，所仅见者，大概就是这条了：“此人盛窃时誉，妄肆激扬，好持长短，虽较赵之谦稍知读书，诗文亦较通顺，而大言诡行，轻险自炫，亦近日人海伧客一辈中物也”（光绪五年十二月二日）。［按，慈铭心中的王八蛋排行榜，状元必是同乡同龄的赵之谦，他对之谦已经恨到了“安得一贤京兆一顿杖杀之”（咸丰四年五月初三日记）的程度。］

今人知之谦为近代艺术大师，而他一辈子也很困顿，科场不售，仕途不顺，与慈铭同病，而慈铭毫不同情。然则前谓慈铭看不惯闿运过得比我好才去骂他，许是说错了。而闿运只有与之谦一起受批斗，才能收获几句褒语。当然，酷评家说某人“稍知读书，亦较通顺”，实是极高的赞语，这倒是古今一揆的，受者闻言可以暗爽矣。

不过，口味容有差别，学术毕竟有公论。蔡元培说，“最近时期，为旧文学殿军的，有李越缦先生，为新文学开山的，有周豫才先生”（《鲁迅先生全集序》，1938），论者或以为这是绍兴人的阿私之言（郑秉珊《赵之谦与李慈铭》，1943）。大学者如章太炎，则说晚清文章，“闿运能尽其雅”，一举压倒吴汝纶、严复与林纾诸人（《与人论文书》），汪辟疆则以闿运为湖湘派领袖，拟为近代诗坛的托塔天王晁盖，而慈铭的座位只是天富星李应（《光宣诗坛点将录》）。不得不说，评骘诗文，主持风雅，章、汪的意见要比蔡重要。

不过身后的声价不会是慈铭仇视闿运的真正原因，问题可能还是出在二人见面喝酒的时候闿运没能留给慈铭一个好印象。然而，闿运赴席，应该不会得罪人才对。他的弟子杨度，将游京华，临行向师父请教“入世法”，闿运曰：“多见客，少说话。”度之弟钧，平时看老师待人接物，却从来是“口若悬河”，所行似与所教不合，揣摩良久，才悟到这一层：“始知少说话者乃少作有边际之言，勿太切利害，即明哲保身之说，非枯坐如木偶也。”（杨钧《草堂之灵》）倘阎运早年坐言起行就是这个风格，不幸仍然开罪了慈铭，惹他骂了半辈子，那真无话可说，只能自慰这是躲不开的孽缘了。

# 土匪名士武歪公

钱锺书记陈衍语，谓：“陈柱尊人尚好学，下笔亦快，唯大言不惭，尝与予言，其诗有意于李杜苏黄外别树一帜，余笑而存之。”锺书对曰：“柱尊真可当土匪名士之号。”衍曰：“品题极切（《石语》）。”

“土匪名士”这个外号的版权，可能属于曾国藩。朱克敬《暝庵二识》卷一：“曾文正公督两江时，有何太史者，记闻极博，下笔千言而无理法，曾公尝称为土匪名士。”

这个“何太史”，似指何应祺。唯清人惯称翰林为太史，而应祺未入翰林，不应有太史之称。然而，自“下笔千言而无理法”论，应祺又特别合格。

李慈铭论应祺之文，尝谓：“颇以古文自负，而不知学。文亦颇有笔力，惜用字无根柢，多不如法”（光绪八年正月初四日记）。前辈蒋琦龄的品评，则不一样，他说：“世之传者，不皆桐城之派，新城之法，而世之为桐城、新城者，不卒皆传也。大作开张精美，根底之深又原于性情之厚，无意于工，自无不工，所谓言有物者也，岂犹以音律体例自歉耶”（蒋琦龄《空青水碧斋文集》卷六《答何镜海观察书》）。其实二人说的是同一种现象。

至于应祺自我批评，也曾回应“下笔千言而无理法”的指责。他为湘军名将王鑫撰写家传，洋洋数千言，文末自记，云：

> 自桐城派盛，记叙之文好言剪裁，每蹈削事就文之弊，实则掩其力之不足耳。近人每见大篇，辄诮为冗长，不知其气劲，其笔遒，固不得以字数多寡相訾謷。此传所叙近百余战，无一雷同处，鄙意欲矫时弊，特恨力有未逮耳。（《守默斋杂著·王壮武公传》）

显然，应祺不是专栏编辑喜欢的作者，但是，说他“无理法”，他是不认的，反而他是要故意破坏世俗所谓的桐城文法，极有理论自觉。

应祺的生卒，诸书皆谓不详。咸丰十一年（1861）他作《上曾涤生尚书书》，云：“男儿三十，已非少壮，祺又过二。”是知他生于1830年。光绪《湖南通志》卷一百七十六谓应祺“年五十四卒”，则知他死于1883年。

他是湖南善化（今长沙）人，自少生长在广西。以故，他“师事朱琦（按，广西人），受古文法”（刘声木《桐城文学渊源考》）。

前揭与他长函畅论时事与文心的蒋琦龄，也是广西人。他的姐夫，道光二十一年（1841）的状元龙启瑞，仍是广西人（《浣月山房诗集》卷三《寄内弟何镜海应祺》）。及长，他又随广西人王必达入江西，见曾国藩，受到赏识，开始自己的事业。

他的妻子濮文绮（1833—1896），江苏溧水人，是晚清才女，著《弹绿女史诗稿》与《弹绿词》（胡文楷《历代妇女著作考》）。尝作《虞美人·种桃花》，脍炙人口，词云：

> 刘郎去后无音信，春色飘零尽，莫随流水去人间，未到花开先护小阑干。香泥润透连宵雨，淡影斜阳里，画帘春困绿窗人，别有一天幽恨不分明。

不知是不是对应祺发出的闺怨。

约在咸丰八年末，应祺进入曾国藩幕府，其间或治文牍，或独领一营，文武兼才，迭奉褒奖，直至同治五年（1866），才离幕单飞，仕至广东高廉兵备道，“有政声”。他的干济之才，可从一件轶事看出。国藩在幕中，喜欢开玩笑，一日，“与诸客议事，因曰：天下事有非贤豪所能济者，有非庸人所能办者，当别设一科，曰绝无良心科”。应祺应声而起，说：“公求此选，舍我其谁。”（《暝庵二识》卷二）此处“绝无良心”，不是说丧尽天良，殆谓脸皮要厚，心窍要活，说来不好听，然而对于“效奔走之节，供指挥之用”的办事能员，实在是必备素质，故应祺勇于自承，不以为嫌。

不仅不以为嫌，他大概还很满意自身所具的这份气质。同治十一年春，诸位名人在长沙絜园聚会，绘图为记，郭嵩焘描述图中的应祺，云：“蹲踞地上，伟干蹒跚，自负霸王之略，善化何镜海（应祺字）观察也。”（《絜园展禊图记》）

表面上，应祺“狂谲不羁”，实则“资性奇敏，论多精确”（朱克敬语）。

如论郭嵩焘，他说，“郭筠仙非无谬处，其谬处皆可爱。李法曾尽有好处，其好处皆可杀”，时人以为的评。

如论湘军与淮军的盛衰，他说：“皖人之起，方兴未艾，而楚才一败无余。问何故，曰：皖人互相推举，有拔而起之，莫挤而止之。楚人日寻戈矛以相贼伤而已。稍有名望，必益为垢毁所集。凡家庭骨肉相贼害，其家之覆亡可立而待也。则凡省部相为贼害，其省之倾颓亦必可立而待也。”（郭嵩焘光绪五年六月廿七日记）湘人好内斗，也是的评。

又如论古今人物等第。他说：“上一等，道德事功合一，今无其人矣，有亦必不出而任事。其次，以道德行其事功，随所往而必穷。其次，苟务为事功而已。又其次，营求富贵，只此一种人充塞天地之间。于此有能立事功者，其人已敻乎远矣。而用其与世推移之心，以赴事机之会，要止是三等人，进而上之，则必扞格龃龉而不能入。”

（郭嵩焘光绪五年六月初十日记）嵩焘以为“此论似创而实确”。

若以此论衡量当时的名人巨公，可知曾国藩也只算是“苟务为事功”的第三等人，尽管他曾立志要转移一世的风气。或亦因此看透了府主终非圣贤豪杰，待国藩逝世，赐谥文正，应祺遂“自号武歪公”，“以示相当”（《瞑庵二识》卷二）。

## ——《投名状》野史正——

出现过很多次史学工作者指责文艺作品特别是电影电视罔顾历史“真实”的情况。以历史为题材的影视作品，其本质终归是电影，终归是电视剧，终归是文艺而非历史。文艺作品有自己的规矩，有自己的“真实”。无征不信、多闻阙疑，并非文艺作品必须遵循的原则。更妙的是，哪怕没有一星半点历史“真实”，若真遇上会编会导会演会剪的最佳拍档，风云际会，一时之选，他们的作品极有可能让观众感受到什么是历史，什么是真实。对芸芸观众来说，这种感受是很难在汗牛充栋的历史著作中找到的。

只有基于这种“理论认知”，谈一谈与电影《投名状》有关的历史事实，才会有趣，而非“核突”。当然，虽已标出这种“认知”，并不表示鄙人就觉得《投名状》是一部好电影。唯此栏既名“野史正”，则所谈范围，仅限于史实，不涉及文艺评价，敬祈读者鉴之。所谓谈者，漫谈而已。先从主角庞青云谈起。

## 庞青云与马新贻

电影中，庞青云字鹿山，所部称“山字营”。众所周知，《投名状》的创作灵感来自晚清“刺马”案，也就是说，庞青云的原型应是马新贻。（按，新贻字穀山，号燕门，山东菏泽人。）他家四兄弟，大哥新郁，二哥新沐，新贻行三，小弟新祐，可知，他们这一辈的谱字是“新”字。古人的名、字与号，意义多有联系，譬如，新贻为名，穀山为字，典出《诗·小雅·天保》：“俾尔戬穀”（意谓给你添福加禄）。俾与贻，意思差不多；穀是禄的意思。而新贻号燕门，则典出《诗·大雅·文王有声》：“诒厥孙谋，以燕翼子”（意谓考虑周到，为子孙的福祉作了尽善的安排）；诒与贻通，燕是安的意思。串起来讲，可说，马新贻字穀山，表达了对祖宗父母赐福于己的感恩；号燕门，则表达了羽翼子孙、造福后人的愿望。继往开来，仰侍俯蓄，一门之内，乐也融融。

回头，再分析电影主角的名字。名青云，无非暗示他追求高官显爵的野心；字鹿山，则应从穀山化出，因为穀有禄义，穀山即是禄山，而禄山谐音则成了鹿山。若编剧给角色取名的思路真如上述，那得赞他一句心思甚巧。只是，青云与鹿山，词义无关联，不如原型人物的名字来得典雅。至于“山字营”，则不是凭空杜撰。同治二年（1863），马新贻守蒙城，对抗苗沛霖（著名捻军首领），麾下一支部队的番号就称为“山字营”，由练勇组成，归游击徐登善、黄体元统带。

然而，马新贻带的第一支军队，名为“捷勇”。咸丰五年(1855)，他任合肥县令，发现县人王二条因诉讼所累，被“行政拘留”，此人“有胆气，谙地势”，在土匪蜂起的时代，算个人才，于是，他特命释放王二条，令他募勇百人，戴罪立功。二条旋即立下战功，赏戴蓝翎；马新贻也因此升任直隶州知州，心情大好，遂将王二条的部队命名为“捷勇”。

在此之前，马新贻做了七年县令，参与了几项准军事行动，皆为整治地方治安，捕捉流氓土匪。再前，则纯是书生，不懂得舞枪弄棒。他六岁开蒙，二十一岁入学，二十六岁中举，明年成进士，以知县即用，签发安徽。自此，官运不错，不过二十年，做到了总督高位。这种经历，与庞青云出身行伍，终膺疆寄，有本质不同。因为马新贻通过最高级的科举考试，步入仕途，算是“正途”；庞青云由武职改文职，即在太平天国战争期间，也是不常见的事。

## 劫谁的军粮

二虎率人劫粮，庞青云惊叹：军队的粮都敢抢，胆子真大。(按，剧情介绍得明白，青云来自清军，他说的“军队”无疑指清军。)只是，抢完粮，午阳送给大嫂一根十字架项链，却说从死人身上搜得。十字架这个物件，定然只有太平军将士佩戴，当日的清军营中是不会有的。那么，疑问来了，到底抢了谁家的军粮？从被抢军队的装束上看，也不能令人释疑。且看：军官穿着清代铠甲，尽管这种铠甲多用于仪仗，在战场上并不常见；士兵则红巾蒙头，极似太平军。或许，电影故意使用如此含混的语言，是为了表达物尽其用、节约成本的拍摄理念？观者不得其解，只好搁下疑问，看看史书是如何写的。

咸丰、同治年间，与清廷为敌的大规模国内武装，东南有太平军，中原有捻军，西北、西南有回民。而在皖北，则有一些起家团练的武装力量，时而帮助清军，时而帮助义军，立场多变，难于定论，被学者称为“无原则的军阀”。其中，以苗沛霖为魁首。（按，沛霖字雨三，安徽凤台人。）他粗识文墨（秀才出身），好强喜事，做了十年教书先生，困穷潦倒，乃在咸丰年间趁着兴办团练保家卫民的风气，拉起一支队伍（史称“苗练”），以寿州为根据地，“抢钱抢粮抢娘们”（大陆版《投名状》末三字改为“抢地盘”），逐渐将势力扩大至整个淮河流域，成为一方豪强。沛霖尝写过一篇《卖宝器赏军论》，自述功绩，云：“起军八载，身经百战，赤手空空，能驱中原十数万强寇，并生擒巨犯首逆百余名。”此文作于同治初年，文题“卖宝器赏军”，是说他“自毁蓝服（按谓投笔从戎）破产起兵以来，毫无所蓄”，凡攻破“贼巢”，取得财物，皆变卖换钱，充作军饷。只是，实际情形却与他所写的大相径庭。

首先，沛霖在起兵前，“不择手段”谋求个人发展，曾经投入捻军。因在军中不得志，才回乡团练，成为捻军的敌人。而在起兵后，他又有再次联捻抗清的举动；与太平军的关系，也是如此，他曾接受太平军的封赏（自谓太平军对他“封王赏女，百端奉承”），末了，却诱捕太平天国英王陈玉成，献给钦差大臣胜保，以表忠心。因此，官文（湖广总督）、袁甲三（钦差大臣，负责临淮军务）与曾国藩等清军统帅都称他为“翻覆小人”，建议清廷不要对他“招安”，而应视作叛逆，速行征剿。而胜保、翁同书（安徽巡抚）则不以为然，坚持要将他争取过来，无奈沛霖不给他俩长脸，一次反复，害得翁同书丢了官职，再次反复，则害得胜保丢了性命。

其次，沛霖待势力壮大，即将两淮视为禁地，不仅征收两淮地区的税赋，而且，凡在他的地头，不论官兵贼兵，能攻则攻，能抢就抢，俨然以国中之国自居。其《卖宝器赏军论》说自己“毫无所蓄”，实在是过度谦虚，不免矫伪。

当然，时丁乱世，以中国之大，绝不止一个“团首”（团练领袖，亦称“练首”），如沛霖这般，官也打得，贼也打得。只因沛霖规模最巨，牵涉最广，才成为“无原则军阀”的代表人物。一开始，这些团首大多抱着保境安民的朴素愿望，冀与乡人“苟存性命于乱世”，再有奢望，亦不过梦想“壮士十年归，归来见天子”而已。

然而，局势越来越乱，胜负久未分明，乱焉思逞，“彼可取而代”的豪情不由得涌上心头。于是，群雄逐鹿，暮楚朝秦，杀出一个天崩地坼、日月无光的黑暗世界。于是，电影中二虎所劫，或为官粮，或为“贼”粮，都讲得通。

只要二虎振臂高呼曰“杀”，那么，杀的是谁，抢的是谁，就不成问题。

## 军阀陈公

土匪被军爷欺负，青云劝他们：“军机处的陈公正缺人手，他的绿营兵常被魁字营欺负，一直想壮大势力，如果我们投他，那正是雪中送炭。”接下来，三人寻得一座破屋，跪在三位高官面前，请求入伙。坐在左边面长有须的那位，青云称之为“陈大人”，应即前语所谓“军机处的陈公”。

军机处是清代雍正朝以后最重要的中央办事机构（清末，职权渐渐转移到总理各国事务衙门），日常办公地点设于清宫保和殿西北的隆宗门内，办事员称军机大臣，他们的助手称军机章京。军机大臣人选由皇帝挑选，多为大学士、各部的尚书与侍郎，偶亦有亲王入值。为首的，称领班军机大臣，资格最浅的，俗称“挑帘军机”——军机大臣与皇帝议事，严禁旁人参与，太监也不行，于是，资格最浅的军机大臣须为同事们挑起门帘，以便出入。当皇帝因祭祀、巡视、度假乃至避难而离开京城，军机大臣与章京俱应随行，此时的军机处则处于“移动办公”状态。军机大臣全称为“军机大臣上行走”（“行走”，专指内廷差使），每日清晨皆须与皇帝会面，商量国事，至夜则轮班值日，堪称全天候不停的“行走”。一旦不能在皇帝身边“行走”（如调归原班，如出差外省），则不再是军机大臣。因此，在外省破屋中，陡然出现一位“军机处的陈公”，绝不合乎清代制度。若称为钦差大人，庶几靠谱。

军机大臣的“八小时之外”，也有禁忌，尤其与其他官员的交际应酬，不可频繁，不可密切。因为军机大臣浑身都是机密，举手投足，片言只语，不小心就可能犯下泄密的大错。外省官员至京，一般会去军机大臣家中进行礼节性拜访，但军机大臣不会回拜，这是避嫌。与外官通信，军机大臣须小心措辞，非要说几句“体己话”，往往不署本名，而用化名，这也是避嫌。至于军机大臣在京外与一个小营官说上那么多话，且有两名土匪在旁，毫不避嫌，令人难以想象。

军机大臣虽参与军事决策，但是，他绝不可能拥有自己的军队。名义上不会有，实际上也不可能有，清代的制度设计及行政程序，决定了这一点。非要塞给陈大人一支军队的话，先得假设他已退休（或罢职）乡居，再假设他利用老干部的人脉与资源，组织、训练了一支部队。然而，即算如此假设，也不能说他的部队是绿营，而只能是勇营。

清代开国，只有旗兵（先后建立满洲、蒙古、汉军各八旗），后来，将投降的汉族士兵编为“绿旗”，以示与八旗区别。“绿旗”编制以营为基本单位，因此，又称绿营。绿营与八旗，是清代的经制军队。绿营兵分驻各地，日常训练分由各省总督、提督与巡抚负责，兵额与饷章则归兵部管理。调兵作战，则非皇帝下令，任何人不许轻举妄动。军机大臣权势再大，地位再高，他也没法拥有一支绿营兵。

绿营在嘉庆朝以后，逐渐失去战斗力，再经太平天国之役，遂致全面崩塌。于是，各省募集平民而练成的勇营成为主要的军事力量，湘军与淮军即是其中的翘楚。电影中的“魁字营”，亦应是勇营。然而，绿营既朽，勇营方兴，双方发生冲突，不说勇营一定处于下风，但占上风的回数不会太多。毕竟，在同一个体制内讨生活，临时工再能干，对正式工总有几分忌惮。在这一点上以今例古，绝不离谱。

那么，陈大人还是可能拥有军队的。当然，名义上绝不可能。因为，即在清代，也有共识：军队是国家的；只是，“朕即国家”，意味除了皇帝，任何人不能代表国家拥有军队。实际上，则是可行的，也是被历史所证实的（淮军—北洋系—民国军阀正是中国近代军事史的显明脉络）。《投名状》英文片名是 *Warlord*（军阀），窃谓比中文片名更切题。

## 和谐的三抢

何魁说："进城接防，让兄弟们逍遥三天，抢钱抢粮抢娘们。"按诸清代事实，此语无字无来历，并非虚造。

先说"三抢"。当明代末年，满洲部落犹未入关，迫于生计，羡慕繁华，则时不时往关内走一遭，打一枪换个地儿，抢了就跑。所抢者，正是钱粮与娘们。只是，与电影中强奸民女不同的是，彼时"抢娘们"，不仅为了满足性欲，而具有"抢掠婚"（marriage by capture）的意味。这是早期满洲的民俗，后以入主中原，浸染文明，经诏谕劝禁，此风才渐渐消失。然而，直至乾隆朝，仍然发生了满洲士兵在新疆"掠获妇女"的"丑闻"，惹得清高宗龙颜大怒，痛斥同胞的野蛮。至于出征作战，以"抢"字相号召，满洲并不忌讳，譬如，往蒙古境内摽掠，叫作"抢西边"，往大明境内，则称"抢昌平"。当时有汉族读书人在满洲做官的，对此大摇其头，叹云："夫'抢'之一字，岂可以为名乎！"其实，不论如何"正名"，凡是征讨战伐之事，"抢"字必在其中。这不是蛮族的陋行，而是文明的尴尬。不施"抢"字，便谓名正言顺心安理得，不过是自欺欺人，至于羞答答将"娘们"换成"地盘"，则适足自欺而未能欺人，直为掩耳盗铃的钝贼行径，更是落了下乘。

但是，"魁字营"并非旗营，凭哪条规矩可以"抢"呢？答曰：

“逍遥三天”，即是规矩。克城后，纵兵掠杀，不受军法管制，几乎是旧时军队的惯例。清人蔡寿祺《蓉城偶笔》盛赞咸丰年间某将军执法严明，说他攻克荣昌（今隶重庆）后，下令“弛禁三日；三日后有犯令者，立正军法”。（按，“弛禁三日”，正是“逍遥三天”。）湘军入南京，“克复后搜杀三日”（曾国藩奏折中语），也正是“逍遥三天”。及至民国二年（1913），张勋“辫军”攻入南京，亦遵陈例，纵兵大掠，当时报纸哄传其军连着“抢”了十天，即有军官出来“叫屈”“辟谣”，说：“安有十日？仅三日，即出告示禁止矣。”这也是“逍遥三天”的注脚。

然而，虽系惯例，却无明令。也就是说，没有哪位统帅会“出告示”鼓励将士去“抢钱抢粮抢娘们”。这是军队内部的默契，不足为外人道也。因此，有些真傻或是装傻（此类极多）的文人，便会以此为借口，替这种野蛮行径作辩护，譬如，李元度即云：“湘军克金陵（南京），救民水火中，断无杀掠平民之令。而当苍黄扰攘时，主兵者耳目有未周，（士卒）乘机淫掠，亦势难尽免。”（《书江南黄烈女事》）所谓“断无杀掠平民之令”，说得没错，但是，为“主兵者”（统帅，谓曾国荃）开脱纵兵“淫掠”的罪行，则是大谬。

有趣的是，电影借庞青云这个角色为我们塑造了一个旧军官的新形象。当士兵在克城后强奸民女，青云下令就地正法。二虎上前劝解，谓“逍遥三天”的“嘉年华”犹未结束，青云乃说：“如果我作主，这种事就决不能再发生。”仍执前命，杀无赦。（按，编导设置这个情节，是为了揭露庞青云“伪君子”的面目，此不赘。）就事论事，不得不说，青云此举实在是“反人性”“反历史”的行为。因为，对于传统中国的军人来说，人性就是统帅的“一将功成万骨枯”，就是士兵的“抢钱抢粮抢娘们”，就是军属欲说还休的“悔教夫婿觅封侯”。在历史上，湘军、淮军的士兵，尽管出身多为“朴质农夫”，但是，一旦从军，莫不“以利为义”，其他大道理是听不进的。既拼着性命攻克了城池，谁敢剥夺他们“弛禁三日”的权利，谁就是他们的敌人。统帅如庞青云者，若果出此，则军营“哗变”，立马可待。

大人先生们抢功名，抢天下，抢不朽。乱世小兵，抢点银子，抢个女人。各抢各的，这才和谐。庞青云许自己抢不许别人抢，不厚道。

## 骗子杀傻子

苏州杀降，是太平天国战争时期的一桩大事，也是《投名状》的重要情节。先是，顾思齐先生撰《杀降》一文，在本版发表，广征博证，准确介绍了史事的经过与余波。珠玉在前，鄙人不揣固陋，勇敢再赘数语，向读者介绍为何杀降。

苏州是忠王李秀成的根据地，守城的慕王谭绍光是秀成的心腹爱将。只是，在电影里，守将却变成了黄文金（史上实有其人，即太平天国的堵王）。

这位黄将军的穿着酷似李秀成。据曾供职于秀成麾下的英国人呤唎（A.F.Lindley）描述，秀成的“朝服十分华丽，几乎垂至脚面，绣花的黄色缎袍上面缀着浮起的金饰和金银红三色丝线盘成的龙纹，此外再加上他的黄缎绣花裤和华丽的黄缎靴，构成了他的全套服装，衬托出他的英俊威武的神采，真是庄严华美无比”（《太平天国革命亲历记》）。以此对照剧中黄将军那“华丽丽”的戏服，可知服装设计师的灵感正来自呤唎的回忆录。

黄将军杀身成仁的行为，则似取材于翼王石达开的事迹。同治二年六月，石达开率六千人转战四川，陷入绝境，不得已，与清军谈判，谓自己甘愿受刑，只求赦免全军将士。四川总督骆秉章同意了他的条件。于是，所部四千人遣散回籍，二千人被收编，石达开则被凌迟处死，割了一百多刀。湘军统帅刘蓉亲睹石达开的就义，说他“枭桀坚强之气溢于颜面”，“临刑之际，神色怡然，实丑类之最悍者”。以此对照剧中黄将军的“惊艳”演出，可知，刀数有殊，风采无二。

然而，黄将军死的光荣，终未能救得同袍的性命，令人遗憾，更令人不解。他明明托付赵二虎，请遣散将士，让他们“回家务农”，二虎必已将此意转达庞青云，青云何必冒着与兄弟决裂且违背圣旨的风险（同治元年十二月九日上谕，明令禁止杀降），非要悍然杀降呢？据电影台词，青云杀降有两个原因，一是粮不够吃，二是担心降卒复反。其实，史上的苏州杀降，根本不是这个原因。谨据《李文忠公奏稿》、戈登书信、李秀成《自述》、周馥《负暄闲语》及《清稗类钞》第二册“程忠烈用兵”条，说明杀降的真实原因。

照苏州守将谭绍光的想法，务要“城在人在”，然城中另有一个纳王部永宽，则觉得大势已去，不若投降。其时，赞同部永宽意见的人占多数，于是，他们暗中联络清军，愿意“献城”。他们开出的条件是：一、苏州划为南北两区，清军驻北区，降军驻南区；二、降军人员，遣散一部分，收编一部分，至少须收编二十营（约一万人）；三、清军须为降军将领提供若干提督、总兵等高级武职，任职省份由降军指定，而且，短时间内清军不应强求降军“剃发”（即尊重黄将军那种长发披肩的“审美趣味”）。于情于理，论礼论法，这三个条件皆不可能被清军接受。但是，清军谈判代表程学启与部永宽等人会面，面无难色，一口应承。于是，同治二年十月廿四日，降军杀谭绍光，次日，降军提着谭将军的人头来到清军大营，并协助清军“弹压”不愿投降的谭将军部下，杀了一千多人。廿六日午，江苏巡抚李鸿章设宴款待部永宽等人，饭吃到一半，程学启入禀，谓有要事请巡抚走一遭，鸿章甫离席，学启即翻脸，率兵将“降酋”一网打尽，旋又挥师入苏州，“大肆杀掠”。此即苏州杀降之真相。

鉴于久攻不克的军事困境，程学启以招降代替攻城；鉴于谈判条款无法执行的法理局限，李鸿章以杀降代替抚降。降人没有志气，当了傻子；杀降不讲义气，做了骗子。虽是狗咬狗之局，骗子总比傻子可恨，以此，梁启超要责备李鸿章，“于是而有惭德”也（《李鸿章传》）。

## 发饷

克复南京之后，赵二虎不顾庞青云的阻挠，执意向士兵发放军饷。青云说：“私分朝廷军饷是重罪。”二虎则云：“我们进了南京之后，有一半是军饷。”随后，一边发饷，一边有人高声报数，云：“张文方，五两；王小三，三两四钱……”

军饷，即谓供给军队的粮食与现金，其中就包括发给士兵的薪俸。一般来说，晚清湘军、淮军等勇营的士兵薪俸，包括按月计酬的“月银”，立功受赏的“奖费”，以及退役复员之际发放的“盘川”（遣散费）。二虎在克城后给士兵发钱，实在是极正当的事情，何来“私分朝廷军饷”的指责呢？也许，编剧想借此表达，青云吝饷是为了能向中央上缴更多的银钱，从而换取朝廷对他的好感。然而，士兵上沙场搏命，目的只是功名与利禄，唯能立大功者不多，那么，为一般士兵所注意者就只剩一个利字。于是，文官也好，武将也好，哪怕是皇帝本人，不论是谁，皆不愿更不敢对士兵吝惜。战胜，没得说，要发饷，即使战败，也得发饷。舍不得？那就等着看军队由“饷溃”而兵变的好戏吧。

至于二虎说“进了南京之后，有一半是军饷”，大概是说军队在南京城内抢得财物，一半上缴中央，一半自用。此亦不符事实。同治三年，湘军入南京，统帅曾国藩即写了一份调查报告，说，本已做好打算，“城破之日，查封贼库，所得财物，多则进奉户部，少则留充军饷，酌济难民”。但是，及入城，并未发现大宗财宝，前此纷传城内“金银如海，百货充盈”，根本是谣言。因此，湘军无法向朝廷上缴“贼赃”，用以补贴国家多年用兵造成的财政亏损。奏入，朝廷对此表示高度谅解，批谕：“逆掳金银，朝廷本不必利其所有”，也就是说，能打胜仗就成，银子不是问题。

当然，朝野各方对湘军是否发了横财的质疑，并不因一纸诏书而解消，即至今日，仍有人认为湘军在南京大捞了一笔，尤其曾氏兄弟，竟以此“暴富”。其实，综合分析当时公私史料，我们可以计算曾家的财产，绝非“暴富”；南京城内，亦确无太平天国遗留的“圣库”巨资（可参考拙撰《曾九暴富传说》）。然而，攻入南京的湘军将士绝非一无所得。他们洗劫了南京，人人皆有斩获，这是毫无疑问的。且不仅湘军，还有淮军，都在克城后进行洗劫；

又不仅南京，被洗劫的城市还有九江、安庆、苏州、杭州、湖州……战胜后“合法”抢劫，是旧时军人在薪俸以外的“非经常性收入”，甚至在全部收入中占大头。

再说“经常性收入”。略言之，按湘、淮军的“饷章”，士兵“月银”分四级：什长（今语“班长”）四两八钱，亲兵、护勇（勤务兵）四两五钱，正勇（战兵）四两二钱，火勇（炊事兵）三两三钱。然日常发放，并非全额，而是只发八成，余款在年底或退役时结清，以银票方式，待回本省府县后兑取。“奖费”也分等，如作战受伤：头等赏银十五两，二等十两，三等五两；致残者，另加；阵亡者，恤银三十两。早期，另有杀敌擒敌的奖赏，如，一个人头值五两（并非真要提头来见，割下耳朵即可领钱）；杀死“黄袍贼”（太平军中的高级军官）一名，赏十五两，生擒翻倍。后因太平军中“裹胁”平民太多，士兵滥杀取赏，导致支出大增，遂废止这种奖励，改为根据营官的报告，由统帅随宜酌定赏金数额。

如此，或可猜测，电影中，张文方发五两，许是他受了三等伤？王小三发三两四钱，许是他的身份为火勇？

## 攻城闲话

天下文章一大抄，这话有几分道理。电影呢？也差不多。抄没问题，就看是“窃意”还是“窃句”。窃意这件事儿，要得好，可以脱胎换骨，点石成金。窃句，则终归格调不高，往往生吞活剥，一不小心就拍成“喜剧片”。

粗一看，《投名状》似乎在向两种类型的电影致敬，一是香港黑帮片，一是好莱坞战争片。只是，传统中国的政治运作远比弹丸之地的古惑仔游戏复杂，罗马军团的方阵战法实在不适用于十九世纪冷、热兵器杂用的复杂局面。非要古为今用，声东击西，难免致敬其名，露怯其实，顾头不顾腚，令人笑来。今且不论紫禁城与外省的政治互动究应如何揭示，也不分析舒城之郊的空手入大炮是否可能，单说苏州城的攻与防。

从画面上看，山字营绕着城墙挖出战壕，士兵挤满壕内，便围住了苏州。战壕与城墙之间，是一片逼仄的平地，零星布设几架障碍物。试问，如此布置，城内的人要冲出来，城外的人要打进去，很难么？还是看看当日指挥战役的李鸿章与实际作战的戈登（C. G. Gordon，1833—1885）怎么描述的吧。

李鸿章的叙述比较宏观，他说，太湖之水流经胥门与盘门，绕至娄门，往复数道，成为护卫苏州的天然防线。太平军沿岸构筑一道由土石组成的“长城”，自南而北，“一望无际”。“长城”以内，“石垒土营，比比皆是”。淮军无法近前，只能与太平军“夹河对垒”，依仗“西洋开花大炮”的威力，频繁轰击。

戈登率领“洋枪队”，负责攻击娄门外的“长城”——这也是苏州布防“尤高且坚”的一段工事。他说，土丘（即“长城”）上炮台林立，山坡密布短竹桩，坡前挖有三道壕沟，深约三米，壕沿遍插尖锐的竹签和铁钉，壕外则竖立着一长列的围桩。1863年11月26日，在炮兵连的火力支援下，戈登发动夜袭。他的作战风格是“奋不顾身”，“站在最前列”，而且，“从不携带武器，甚至当他带头冲进敌军阵地缺口时也是如此”。他只是挥舞一根藤杖，临阵调度，这根藤杖被士兵称为“魔杖”——“尽管比任何士兵更加目标暴露，他却从未负过伤”。然而，潇洒的戈登遇到了劲敌。“当夜，慕王（即苏州守将谭绍光）像普通士兵一样，没有穿上鞋袜，赤脚奋勇作战”，在他指挥下，太平军进行了精准、猛烈的反击，虽然死伤惨重，最终还是击退了戈登。然而，堡垒往往从内部攻破，慕王能抗住戈登，却不能消弭太平军内部的离心离德。经此一役，城内早萌异志的王爷、“天将”们坚定了投降的信念。七天后，他们谋杀了慕王，献城乞降。此外，还有一件诡异的事。当慕王被刺那天，他曾命令法国参谋（太平军中也有外国“志愿军”）起草一封密函，寄与戈登，请求安排“私人会晤”——“可能慕王自己也在考虑提出投降的条件”。

可以设想，光着脚的天国慕王 PK 手执藤杖的英国少校，这个场景肯定比穿棉袄的刘德华抱住一位长发男跌入水池来得有趣。更可以设想，山字营倘若扔掉馒头发动大炮对准苏州“长城”

一通狂炸，当远较龟缩壕内望城兴叹的画面来得精彩。若还能运用电影语言揭露城内城外的人借助“第三种力量”（各国“志愿军”）进行沟通谋求妥协的微妙状况，则不仅触及事物之表，尤能探及人心之深。何况，这不仅是追求视听之娱，更能借此表现攻城确实给守军带来压力，锻炼了人性，显微了欲望，从而为接下来守军投降做出自然的铺垫。

史事发展，入情合理，根本毋庸劳动编剧抓耳挠腮瞎扯淡，而竟舍此他求，直是何苦来哉。

## 二虎的面子

《投名状》唯一女角，名唤莲生，自谓出身“扬州瘦马”。按，“瘦马”即雏妓，典出白居易诗“莫养瘦马驹，莫教小妓女”。而在清代，扬州为风月胜地，以此，称“扬州瘦马”，可显出虽是妓女身份，档次却不同流俗。“瘦马”养成，有出外谋生计者，称为“扬帮”（合苏、沪等地，则称“南帮”），所去的地方以通都大邑为多，如首都，如武昌，如广州。然自湘军战胜太平天国，原本僻处内陆的湖南托了回乡将士的福，省会长沙的经济尤其是饮食娱乐业大为发展，标志性事件除了“无宴不海菜”（谓鲍鱼、燕窝之类）之外，便是城中妓馆自扬州、苏州引进人力资源，狠狠赶了一回“时尚”。即此可见“扬州瘦马”的崇高地位。只可惜剧中人的妆饰、表演，陋于导演的规划，太过憨朴，适如王韬论“北帮”（指清末京、津一带的妓女）所说“实事求是，悃愊无华”（《燕台评春录》）——译作当时行话，则是“床笫外无技能，偎抱外无酬酢”（《清稗类钞》）也。遂致南北倒置，“歪曲”了历史，可叹。

又据金天羽、张相文为张文祥作的传记（分见《天放楼续文言》《南园丛稿》），并未明指赵二虎之妻出身妓籍。张文祥是历史人物，对应的剧中人是姜午阳。他与赵二虎、马新贻（庞青云）结拜兄弟，排行老三。当然，虎妻与庞青云通奸的剧情，则未歪曲“历史”——也有一些记载说文祥“刺马”并非为兄弟报仇，而是另有原因。只是，传记所载通奸的经过与电影不同。今谨综合金、张的记述，对这桩风化事件作一个说明。

当新贻落难之时，并没机会见到虎妻。虎妻初见新贻，实在新贻成功策反二虎、文祥之后。其时，新贻任安徽布政使，已解散了山字营，二虎随他赴任，并将家眷接到省城，暂时寄居新贻的官署。据云：“新贻官既贵，渐耻与贼相伯仲”。也就是说，人一阔，脸就变。文祥敏感，发现马哥情意转淡，即欲离去，并劝二虎一块儿走。二虎迟钝，犹疑不决。文祥不忍抛下这个傻兄弟，只好留下与他一起耗着。怎奈新贻对兄弟的情意淡，对兄弟老婆的情意很浓，于是，“迫（虎妻）而私之”，且时不时借着公务令二虎出差，以便与虎妻通奸，“俨然同媵妾矣”。日久天长，奸情为文祥发觉，他尚未如剧中那么鲁莽，径直杀了嫂子，而是向二虎举报。二虎初闻犹不信，待到跟踪了几回，才认领这顶绿帽，然又胆小，不敢直斥新贻不讲义气，只能独个儿生闷气。文祥开导他，说，别郁闷了，这还算是你老婆么？既然奸夫淫妇情投意合，“不如弃之”，咱哥俩早日离开这个是非之地，走为上吧。二虎同意了，但不知哪根筋不对，却“迁延不即行”。孰知本夫能忍，奸夫却不能忍，一日，新贻借口二虎通匪，将他“就地正法”，旋将虎妻收为姨太太。文祥听得兄弟惨死，偷偷将他葬了，“痛哭别去”，自此，隐姓埋名，“锻精铁为匕首，日夜砺之，淬以药，誓必剸刃新贻”。终于同治九年七月二十六日，在南京将已升任两江总督的新贻刺死。此后，虎妻在马公馆自杀，其家秘不发丧，将尸体埋在后花园。

此与剧中午阳先杀莲生、二虎至死不知老婆偷人，大有出入。然清代官书记叙新贻之死，并未言及新贻勾引人妻，只说文祥在浙江交通海盗，因新贻主持捕盗，弄得他家破妻逃，“以是挟仇”，遂“丧心病狂”刺杀总督（《清史稿》）。电影与官书，在这一点上，倒是异曲同工，照顾了二虎的面子。泉下有知，二虎或应讲一句，谢谢包涵。

## 将军见太后

庞青云“得胜还朝”，由“军机处的陈公”领他入宫拜见太后，路上，陈云：“从宫门外走到这儿需要多久啊？年轻时，我头一次站在宫门外还是这么想。可等真的走到这儿，已经两鬓斑白，用了整整三十年，可惜啊，走不动啦”。此语略有感慨，或令观众低徊。只是，这话却不合实情。先不说陈公年轻时倘能考中进士，获得廷试资格，肯定会在保和殿答卷（自嘉庆朝，清代廷试多在保和殿举行），已经算是“走到这儿”，不必傻傻地“站在宫门外”；即使他不是科举正途出身，只说他入值军机处以前，必也曾逐级升官，入宫搞过几回“陛见”，肯定也不止一次“走到这儿”。因此，“走到这儿”有什么稀奇呢？真把庞将军当乡下人啊。

更逗的是，青云作为克复南京的第一功臣，入宫“面圣”，给他领路的绝非陈公这样的军机大臣。清代制度规定，外省高官来见皇帝，俱由亲王、驸马之类的亲贵领路，一般大臣是没有资格的。“在内廷行走”的亲贵与“在军机处行走”的大臣，是两拨人，切不可走错了。若胡乱“走到这儿”，陈公必被侍卫拿下，来不及与庞将军闲话生平矣。

再说入宫后。剧中用俯拍的方式介绍了一位皇太后，太后并唤了一声“小李子”。据此猜测，应指慈禧太后与李连英（俗多作“莲英”，误）。然而，克复南京在同治三年，其时，接见大臣不止一位太后，而应是两位太后与一位小皇帝才是——除了慈禧，还有慈安太后（清文宗皇后）及清穆宗。而且，当日是“垂帘听政”的局面，两位太后并坐帘后，文武百官不能看清她姐俩儿的“圣颜”。剧中未在太后座前设立黄幔（即“帘”），可算大大的“失礼”。至于李连英，这会儿还轮不到他在御前侍奉，因为他才十六岁，暂未得宠。非要让慈禧在此时唤出一位太监，那么，她应该叫一声“安仔”（即安德海）才对。

不过，修正这些情节毫无必要。因为，克复南京的第一功臣曾国藩入宫“陛见”，根本不是这个排场。同治七年十二月十四日上午十点，由一等镇国将军奕山（按，近代史上丧权辱国的中俄《瑷珲条约》即由他签订）带领，国藩进入养心殿东间，首次拜见两宫太后与小皇帝。养心殿是一座偏殿，在军机处北面，是晚清帝后接见大臣最常用的处所。剧中的太和殿，则是用于举办盛大仪式的正殿，并不常启。国藩入门，即跪奏：“臣曾国藩恭请圣安”。旋即“免冠叩头”（按，剧中青云叩首还戴着帽子，不合规矩），又奏：“臣曾国藩叩谢天恩”。然后起立，往前走几步，跪于事先准备好的软垫，静候问话。当时，小皇帝坐东边，座后设黄幔，后边即是两位太后。一般来说，小皇帝与慈安不怎么说话，唱主角的是慈禧。慈禧问他第一句话："你在江南，事都办完了？"答："办完了。"再问："勇都撤完了？"答："都撤完了。"问："撤得安静？"答："安静。"问："你一路来可安静？"答："路上很安静。"接下来，就叙家常，展望未来，如离京多少年了，家中几兄弟，此后在直隶总督任上有何打算，云云。

至于青云的原型马新贻首次见到帝后，则在同治七年五月十七日。其时，四十八岁的他由浙江巡抚升任闽浙总督，入京"请训"，三十三岁的慈禧似对他印象甚好，接见后，不等他至福州赴任，即调任两江总督（封疆之职，以直隶、两江最为重要）。可惜，他未留下笔录，我们无从知道他和慈禧说了些什么。唯可断定的是，他不会谈到剧中所谓"免除江苏辖区三年赋税"之事，因为，如此繁重的事体必经京内京外一番商讨才有结果，慈禧再怎么"天纵圣明"，也不可能片言而决。

## 裁军

话说见过太后，陈公与庞青云在朝房闲话，小作寒暄，陈公话锋一转，说："叛乱虽平，可地方督抚个个手握重兵。庞大人，这，太后不放心啊！"青云答曰："山字营带头裁军。"俗传曾国藩克复南京，位高权重，以致谣诼日兴，不安于位，他赶紧大规模裁军，以明心迹。窃谓，此皆野老之谈，诛心之论，不足取信。国藩在主观上想不想造反，在客观上能不能造反，答案很明确：看不出，不可能。鄙人尝撰文专论此事，今不赘言。倒是当日裁军的实际情势，不妨略作说明。

同治三年六月十六日，湘军克南京。七月二十日，国藩即奏请裁军。为什么裁军？第一个原因是省钱。当时湘军总数约十二万人，以每兵月银四两计，则全军每月需饷四十八万两，加上营哨官与统领的办公费及他项杂费又需十万余两。以年计，则需七百余万方能维持湘军开销。若统计包括湘军在内的全国兵饷，则年需二千余万两，而当时政府各项收入合计只有四千余万，军费支出竟占去一半以上。因此，国藩说："（军队）所吸者皆斯民之脂膏，所损者皆国家之元气"，确是实话。再说："裁一勇即节一勇之靡费，亦即销无穷之后患"，也是实情。

除了省钱，还有一个原因，是防止士兵肇乱。湘军不是经制军队，士兵都是"临时工"，南京一破，全军"失业"。老实的，回家继续务农；不老实的，则不甘心，极有可能趁着大乱虽靖而风波未息之时，捞一笔再走，或者要求加薪，或者劫掠百姓，甚者起兵造反。因此，距攻克南京才过了一个月，国藩即迅筹裁军，便是尽量不让士兵有充足时间进行"串谋"，用他的话说，这正是"善聚不如善散、善始不如善终之道"。确实，缴了械，分了众，一声令下，即刻由武装部队"护送"回乡，那些想闹事的士兵根本没有机会造反。

当时主政者是西太后与恭亲王，一个寡妇，一个纨绔，虽皆智商超群、情商过人，毕竟不谙军事，认为在捻军仍未消灭的情况下，骤然裁撤几万人，未敢确信这些人会老老实实回家去。以此，特地向国藩建议，“此辈久在戎行，不能省事，必至随处啸聚为乱”，“不若先汰老弱”，“俟江（西）、楚（湖北）一律肃清，再议裁撤”。如此说话，反倒辜负了国藩的苦心，因此国藩婉拒，云，湘勇多为农民，“有业者多，无根者少，但使欠饷有着，当可安静回籍，不致别生枝节”，执意请求迅速裁军，最终，朝廷同意了他的方案。

省钱与杜乱，是裁军的直接原因，另有一个间接原因，则是淮军代兴，足以填补湘军撤后的国防空缺。国藩云，“楚军出征过久，官秩日高，渐成强弩之末”，“必宜多撤”，而“淮勇锐气方盛”，则“不可轻撤”。有前辈学者将这段话解释为湘军营中盛行哥老会，以致国藩无力控制，遂托辞淮军后劲以为掩饰。其实，成军以来，湘军中即有“会党”（《营制》严禁“会党”“结拜”即可证明），国藩未尝不知；他既然带了十年兵，怎么控制军中的“会党”，必有心得——事实也证明哥老会在裁军后虽有发动，究非大患。何况，秦汉以来中国，所谓“封建会道门”起事，哪朝哪代没有呢？只要没搞出黄巾军、白莲教的大场面，都算正常。

而且，国藩裁军，计之已熟，至迟在同治元年，他在日记书信中就提到这个计划。设身处地为他想一想，很正常："修齐治平"四门功课，已经循序操演了一遍，及至垂垂老矣，在己，功成名就，在人，既有"接班人"李鸿章又有"竞争者"左宗棠，则军国大事委诸二人可矣，何必拼上老命呢？今人看那个时代，但觉"诸夷环伺，间不容发"，而自国藩视之，身际中兴，仔肩可卸，正是偃武修文的好时候，此时不裁军，更待何时？

# —— 寻访太平天国战争遗迹 ——

今夏，我自长沙出发，经武昌，沿江东下，或南或北，一路寻访太平天国战争的遗迹，终点是南京。兹将行程所见记录于下。

## 半壁山前观水战

七月二十四日，午后，乘高铁至武汉，出站即至杨春湖客运中心购票去武穴。到点上车，发现被坑了。司机宣布空调坏了，然而这车是照空调车设计的，窗子都不能打开，只能开门透风。听到开门透风四字，我没有抗议，而是赶紧把安全带系上。因为座位就对着车门，甩出去再索赔可就不好玩了。然而，这点挫折不足以影响此行的愉快，何况，坐上这辆小客车，可以重温二十世纪九十年代坐中巴的感受，那时候为便于揽客，车门也常是开着的。与其担心安全而一路惶恐，莫若随遇而安，在回忆里自得其乐。终于有惊无险，黄昏，至武穴。

明晨，去田镇。田镇，清代称田家镇，属广济县（今改武穴市），已设工业区，多化工厂，污染甚重，可想而知，不过此行固不为欣赏风景，遂无抱怨。十点，到了长江边上的太平军炮台遗址。这是黄冈市重点文物保护单位，堤上立有纪念碑，碑在菜地中，遍种苕尖。炮台在江边，因长江涨水，只露出一块石头，不过二三米见方，并无可观，不免有些失望。然而抬头看到隔江那座壁立岸边的山峰，孤峰峻拔，俯瞰江水，遂又不感失望了。

此山即半壁山，与我所立足的炮台，加上这段江水，就是湘军水师所谓“田家镇大捷”的主要战地。咸丰四年（1854）秋，太平军失守武昌，为阻挡湘军自上游反攻，在此设立第一道防线。在湘军看来，太平军欲“以东、西梁山为江南（按谓南京）门户，以田家镇为安徽门户，并力与我争此关隘”。湘军新建，首战虽不在此地，而第一次艰苦而重要的胜利，却是在此收获的。

太平军的防守，大致布置如此：在北岸田家镇修筑土城，南岸半壁山设立营垒，以铁链连接二处，封锁长江。这段江面是武汉以下长江最窄的地方，枯水期只有五百米宽，故以铁链横江，是十分可行的办法。此处不仅在冷兵器时代是战略要地，即在未来的北伐战争、抗日战争与国共内战，皆是必争之地，屡有大战。

从武汉赶往前线的曾国藩，据探报，向皇帝简要介绍了具体情况，云：“该逆于田家镇江面横安铁锁二道，相距约十数丈。铁锁之下排列小划数十只，以枪炮护之。北岸筑土城，多安炮位，专防我军战船。”他想出来的对策是：“拟先攻田镇对岸之半壁山，夺其要隘，则铁锁一岸无根，当易拔去。”只是，十月初五日，湘军力战攻克半壁山敌营，斩断挂在山壁的铁链，拟猛攻北岸田家镇，却在第二天发现太平军“复将南岸一节续行钩联于半壁山下”，很快就恢复了锁江的局面。

国藩当即检讨，发现“该逆安置铁锁之法，与吴人成法不同。吴人于两岸凿石穿铁，江中无物承之，故一处烙断，全锁皆沉。该逆则节节用小船承之，中用木排三架承之。船与排之头尾，皆用大锚钩于江底。铁锁四道，横于船排之上，以铁码钤之。故虽南岸斫断一节，而其余数十节仍牢系如故”。（按，“吴人”谓三国之吴，曾以此术抵抗晋军。）

而且，恢复锁江后，太平军在“排上安炮，船上置枪，以防我舟师之进逼。排上铺沙，船中贮水，以防我火弹之延烧”；并在北岸增设炮位，“自牛肝矶炮台以下直至吴王庙，尽锐抗拒”，一旦湘军入江，则“千炮环轰，子落如雨”。于是，“夺其要隘，则铁锁一岸无根，当易拔去”的计划落空，必须与太平军在江中决战了。

十三日晨，水师出队，统领杨载福与彭玉麟命战船为四队，“第一队专管斩断铁锁，凡炭炉、铁剪、大椎、大斧之类皆备；第二队专管攻贼炮船，与之对相轰击；第三队俟铁锁开后，直追下游，大烧贼船；第四队坚守老营，以防贼船冒死上犯”。陆军六千人，使不上劲，则排列长江南岸，做一回啦啦队。第一队的孙昌凯，入伍前是熟练铁工，临阵，玉麟亲授机宜，对他说："毋发炮，毋仰视，直趋铁缆下。彼筏上炮一发，船乘流已下矣。吾亲为公拒寇舟。"于是，玉麟自将第二队，掩护昌凯。载福则亲统第三队，负责冲关烧船。按，是年湘军初出，水师五千人，规模不小，载福、玉麟为最高指挥官，而皆亲临战阵，不避炮火，与士卒共生死，这种"士气"（国藩语）是当时八旗与绿营军不具备的。

开战，湘军完美执行了前定战术。玉麟以火力压制守护铁链的炮船，昌凯心无旁骛，"以洪炉大斧，且熔且椎，须臾锁断"，载福遂率队"飞桨驶下"，穷追三十里，至武穴江面，然后回头，逆江而上，"纵火大烧"。先是，刚冲过断链，就有哨官放火烧船，载福阻之，说："先烧在上（游）者，则在下者开窜远矣，不如穷追数十里，从下游延烧而上。"到了火攻的时候，恰逢东南风大作，从下游回攻的湘军逆流顺风，行动便捷，太平军则顺流逆风，"不能下行"。变计收效甚佳，不过半天时间，湘军即将太平军掠来的四千民船烧得干干净净。当夜，太平军因"舟楫被毁，无巢可归，无粮可食，无子药可用"，遂"自焚营垒而遁"。

战后，玉麟题"铁锁沉江"四字，刻于半壁山临江崖壁，距江面百余米，长近五米，宽约二米。有跋，云："咸丰四年秋九月，善化杨岳斌，衡阳彭玉麟，率水师夺两岸炮台八，破横江铁索七，燔贼舰三千有奇。会长白塔齐布，湘乡罗泽南，杀贼万人于此。”唐人刘禹锡诗云：“千寻铁锁沉江底，一片降幡出石头。”玉麟摩崖四字，出典在此，然而，禹锡并未亲见“铁锁沉江”。玉麟《破田家镇半壁山及横江铁练》诗，后半云：“半壁江流沉铁锁，三军凯奏唱铜琶，帆樯卅里看林立，一炬灰飞走电蛇。”概述水师战绩，则属纪实，诗固近于打油，气魄则远迈古人，可立为“铁锁沉江”的经典。（按，岳斌即载福，因避同治皇帝“圣讳”（载淳）而更名。塔齐布为当时湘军第一名将。罗泽南则是湘军创始人之一。跋谓烧掉太平军船只的数量是三千出头，曾国藩奏稿则云近五千，自系当日报捷夸张之陋习，贤者不免。吾人读古代战报，凡遇公私记载有出入之处，皆宜从私，不宜从公。）

有趣的是，玉麟在半壁山还做过考古挖掘。其友俞樾《半壁山黑米歌小序》云：“半壁山在大江中，咸丰间，楚军血战之所也。后掘地得黑米甚多，并有古砖，刻吴国江防字。识者曰，孙吴时，鲁子敬屯兵于此，盖其兵粮所遗也。彭雪琴侍郎分赠少许，云治痢疾。”遗憾的是，今则地下不出黑米，空中多见黑雾了。

## 田镇老街

近距离看完太平军炮台，不过瘾，想渡江去半壁山上看一看，斌、锋二兄遂引我至渡口。不巧的是，下午才有航班，只能遗憾了。

据《太平天国博物志》，半壁山的战争遗迹，仅余一处千人冢。其地在山之西麓，原为小港，太平军在此设垒濬濠，“削楠竹签，用桐油浸透，非常坚硬，遍插港边，防御敌人”。及至湘军克之，此地则成为数百名太平军将士的葬身之地，“平地血流，崖有殷痕，江之南岸，水皆腥红”。战后，百姓收集骸骨，并当地无主尸首，丛葬于此。到了光绪九年（1883），长江水师一个小班长，守卫渡口的外委王文明，拟以此地为“油舱船只”之所。土人提醒他，“此中骸骨甚莽”，“冥漠中亦当有灵”，慎毋轻举。文明从之，并捐资封垄，立碑纪念，“表之曰千人冢”。

然而，章开沅撰《血染峭壁凝春华：半壁山太平军千人冢调查》（《文物》1973 年第 12 期），则以“世上决没有无缘无故的爱，也没有无缘无故的恨”，谓文明身为清将，立碑纪念“发匪”，实不可解。殆其本意固欲毁冢，而冢中人除了太平烈士，还有当地民人，故百姓为了保护祖先坟茔，必须阻止他；此外，也是更重要的，即在太平军烈士中，也有籍隶半壁山所在的阳新县的人，虽不能公开为太平天国平反，但“从贼”的祖宗仍是祖宗，九泉之下的安宁仍须守护，故亦不能纵容文明毁冢。（按，胡林翼做湖北巡抚，尝慨叹治下“莠民”，“乐于从贼”，是知湖北人当太平军之来，不论裹挟还是自愿，从军造反的为数不少。）以此，章先生云：“总之，当地广大群众对太平军是热烈拥护的，千人冢中很可能还掩埋着郝矶、盛家湾一带劳苦农民的亲骨肉。反动派要挖掉烈士墓地，农民群众当然要强烈反对。”其语虽有时代特色，而善读史料，善体人情，终是令人佩服。

当日，太平军夹江为营，南岸以半壁山为大营，“北岸则于田镇街外，筑一土城，长约二里，街尾为吴王庙贼营一座，系铁锁北岸之根，伪燕王秦日纲驻其中”（曾国藩奏）。斌兄谓田镇老街就在渡口附近，带我去看一看。至则只有一条仅堪容足的泥路，两旁或种菜，或长野草，不说繁华古镇毫无踪影，即断壁颓垣都看不到，只余一些房屋基础，稍稍高出地面，在荆棘丛中若隐若现，而这些瓦石也绝非清代的遗迹。稍像样的，只有一处门楼，兀立路边，门内为小院，更进为二层楼房，野草覆盖地面，藤蔓爬满墙壁，门额题田镇街居民委员会。因有菜地，空中便弥漫着有机肥的味道，不敢久留，匆匆摄影数张便回到了渡口。

曾国藩奏云“街尾为吴王庙贼营”。（按，据同治《广济县志》卷十六《杂志·寺观》：“吴王庙，在田镇，祀甘宁。”甘宁为三国东吴名将，身后颇著神迹，至南宋加封王爵，俗称吴王，并准在生前工作与战斗过的地方建庙享祭，如田镇有吴王庙，附近的富池口亦有吴王庙。）

遂向斌兄问吴王庙所在，答曰未闻。想来又要遗憾了。时又近午，于是，驱车吃饭去。斌兄驾车，仍不甘心，东张西望，竟看到一处水塘边，绿树掩映中有数角飞檐，他说，咱们去那边看看吧。对此，心内不以为然，因为曾奏及其他战报俱云庙在街尾，镇街临江，而各种历史地图亦在江滨标注此庙，现在要去的地方离江已远，显然不可能是吴王庙了。不过，怀抱“贼不走空”之志，还是去看看。下车，过水塘，看到三座庙攒聚一处，到眼即知为新修，不觉失望。然而，最里边的庙，虽仅一座小屋，门口两座石狮却颇不俗，似是古物。庙前有一位老尼，向她请教，她说，这就是吴王庙。问，吴王庙不是在江边吗？说，很早就淹毁了，如今迁到这个地方。问，狮子从老庙迁过来的？说，是啊，只有这对狮子是吴王庙里的，其他东西都没有了。赶紧道谢，对着曾经镇守太平天国燕王秦日纲行营的狮子，拍了几张照片，以为纪念。又问，怎么三座庙挨得这么近？老尼一笑，说：“你知道庙证吗？三个庙共一个庙证，不挨近些怎么行。”以前不知寺观须办证，听老尼这么一说，大概明白了几分，殆谓民间新造寺观，俱须批准，而民间所以兴办寺观，除了礼佛修道，可能也有人要借此发财，而不论如何，审核一律从严，无证俱须取缔，于是，僧多庙少，庙多证少，以致出现三庙共一证的怪象。所见或未透彻，只是腹中隐隐有雷声，不暇流连，向老尼合十而别，忙着吃饭去了。

饭后，在宾馆等老友练习曲从武汉过来，未出游。实在也因无地可游。田镇已成工业区，如太平军曾经扎营的磨盘山与老鼠山，如今山前或建水泥厂，或建化工厂，山上则设采石场，疮痍满目，不宜吊古。以此，在房间看了一会儿县志，聊作神游。时近黄昏，练习曲至。十年不见，互道平生，感慨良多，不赘。随去防洪堤上，正对武穴中学，选了一处排档，喝啤酒，吃烧烤。此处江面亦窄，江中即是两省的分界线，这边是湖北武穴，那边是江西瑞昌，从堤上可以清楚地看到对岸的工厂与码头。县志有一条，云："咸丰十一年六月，有裸体贼无数过县城。"说的是忠王李秀成应英王陈玉成之邀，率军从江苏出发，沿长江南岸，向武昌进军，企图在湘军大本营会师，以解安庆之围。然而，忠王虽入湖北境，最终仍无功而返，退守江苏，其中当有部队经广济渡江入江西，时当酷暑，师老兵疲，军容或不整齐，遂引县志之诮。

暑夜江风中，与老友纵谈，甚快人意。练兄鄂人，熟悉乡邦掌故，席间便说到与广济有关的一条轶事。元代诗人揭傒斯，尝夜泊广济江边，歇凉时，遇到另一只船上的美女，自称商妇，闺中寂寞，请与诗人共度春宵，并谓汝我"有夙缘"，"非同人间之淫奔者"，请勿拒绝。诗人难却盛情，遂从其请。明晨，美女告别，云，汝必富贵，宜自重，勿自弃，并赋诗一首，曰："盘塘江上是奴家，郎若闲时来吃茶，黄土作墙茅盖屋，庭前一树紫荆花。"后天，诗人的船在盘塘阻风，上岸买酒，见到一座水仙神祠，"墙垣皆黄土，中庭紫荆芬然，及登殿，所设像与夜中女子无异"。才明白那夜被女神光顾了。事载元人陶宗仪的笔记《南村辍耕录》，且谓此事闻诸诗人之侄，“亦一奇事也”。

其实，这有啥好奇的。长江是重要运输线，沿岸大小码头，名来利往，熙熙攘攘，各有各的繁华，诗人未达时，为了生计，也要在红尘里奔走，偶有失检，怯于承认，而又不愿忘记，遂编出一段奇谈，将神女妆作女神，约炮搞成还愿。当然，伪托的这首七绝，代人立言，清新可诵，能够让人不去在意其事的真假，又非今人所及矣。

## 访意生寺不遇

七月二十六日，午后，从武穴至黄梅。其时有两条可选路线，或渡江入江西，经瑞昌至九江，抵湖口，要不就从武穴去黄梅，再游宿松、太湖，至于安庆。考虑到计划中距长江最远的地方是罗田的天堂，位于江北，拟在归程探访，那么沿江东下，还是先走南岸更好。因此，决定去黄梅。

渡江与否，似有说法，其实，在当时不过一念之间就做了决定。今日世界，交通太便利，不论金钱与时间，都很便利，既能说走就走，一旦发现不对，还可以掉头再走，一言蔽之曰，可以瞎窜。这一点，古人真没法比，他们“试错”的成本太高了。于是，今人选择路线就随意得多，甚至不细心体察，已很难明白古人为什么要选那条路去走。此外，这趟旅行究非彻底考察战争，不必亦步亦趋跟随湘军与太平军的进兵线路，只要经过一些战地，就算完成了任务。

黄梅是太平军与清军攻防拉锯了很多次的地方。咸丰四年（1854）三月，翼王石达开遣兵攻打黄梅，“声言抗降即屠城”，旋即克之。十一月，湘军塔奇布复之。十二月，太平军“复踞”之。咸丰六年冬，胡林翼遣兵攻黄梅，为执行固鄂图皖之计而扫清障碍，至七年初秋，再复黄梅，并宣告“湖北肃清”。及至十一年六月下旬，辅王杨辅清合捻军，共十余万人，再攻黄梅，“贼皆裸体，被掳者悉黥之，最为惨酷”（光绪《黄梅县志》）。前篇《田镇》引同治《广济县志》：“咸丰十一年六月，有裸体贼无数过县城。”我猜是忠王的溃兵，今读《黄梅县志》，才知更有可能是辅王的骄兵。

在黄梅发生的战争，最具规模亦最精彩，当数意生寺之战。咸丰七年七月初一日，太平天国英王陈玉成率四万人，湘军鲍超率四千人，在意生寺地方大战一场。此战胜负，关系重大。太平军胜，则湘军不能继续围攻九江，武昌亦岌岌可危，而克复南京的远景将渺不可见。若湘军胜利，则将继续执行保鄂援皖之策，立定脚跟，步步进逼，天国的前途便不再乐观了。

当日，太平军筑起数座高垒以困霆营，最巨者五。胡林翼曾说：“狗贼之善围官军，是其长技。”（与曾国藩书）（按，“狗贼”是对玉成的蔑称，因玉成脸上有烧伤痕迹，无聊人给他取了个外号叫“四眼狗”，名闻乎敌军，湘军诸帅往来书中遂常以“狗贼”“狗逆”称之。至于“善围官军”，则是太平军常用的“包营为营”战术。）据湘军情报机关“行营采编所”的报告，谓“我营与贼营对立，相抗日久，设大股匪继至，则必突然包营。一二日间，环我营皆贼垒，独留一路，诱我兵由此径冲出，前以伏兵要之”。

运用这套战术，有两个要点。一是工程进度要快。太平军每出必裹挟民众，因此获得大量近乎免费的劳力，只须派兵弹压，民工修挖墙濠的速度必然不慢。二是围缺设伏。快速包围敌军，并非立即展开强攻，一举围歼之，而是以此震慑对手，瓦解军心，并预留缺口，让他们仓皇出逃，随以伏军截击，让敌军的心理与战力完全崩溃，而己方却能不经苦战即可获得全胜。

不过，鲍超有自己的玩法。前文已述，兹不再述。

可惜，这个场面不能再经实地验证。意生寺早已不存，仅余遗址，在县城西边不远的地方，虽有今人新修的同名庙宇，亦只如武穴的吴王庙，名存实亡。然而，此地亦如吴王庙，残留了一处古物。有一座石井围栏，五面各刻四字，曰：“五祖生身。意生寺僧，良谷中岩，至正元年，化城山记。”殆为元代僧人对禅宗五祖的纪念。

数年前尝作文述此役，引用史料，常见时人将此寺写作“億生寺”。今来其地，则又有称“映山寺”者。都是意生寺三字的讹音别字。意生二字，或不易解，若听了下面这个故事，则觉得这个命名真是太朴素了。据光绪县志：

> 寺在县西十五里，相传周氏之孕五祖，父母逐之，居废斋中，即寺碑之所称化城山也。周意欲于此生子，不果，乃生于黄连埠，后仍栖止废考，祖长，乃买其地建寺。

原来是“佛母”周氏“意（欲于此）生（子）”，遂以名寺。

## 石钟山上吊湘顽

今夏，我自长沙出发，经武昌，沿江东下，或南或北，一路寻访太平天国战争的遗迹，终点是南京。途中见闻，已撰游记。

七月二十八日午，租车从九江出发，至湖口。计程极短，不过半小时即到，且有多趟列车，无论金钱与时间，皆可节省，实在是不必租车。此后行程，亟应引以为戒。

至酒店住下，匆匆吃过，即往石钟山而去。石钟山在湖口东部，临鄱阳湖。此山极有名，是因为苏轼写了《石钟山记》。这篇名作收入教科书，似乎中国人都能背诵，然而苏轼说此山得名是因为湖水击石，其声如钟，则大可怀疑。一般意见还是认为此山得名是因为形状，而非声音。此外，导我游湖的水手，说他自少至长，从未在石钟山听到水激石响的声音，亦是一证。我开玩笑说东坡先生当晚或是喝高了出现幻听，他表示同意。

不过，我来登山，主要目的不是印证苏文的确否，而是想看看湖口县水师昭忠祠遗址。

自咸丰五年至七年，湘军水师被太平军分割为外江与内湖两部分：江，即长江；湖，即鄱阳湖。太平军据有鄱阳湖入江口的战略要地，趁枯水期用民船堵塞湖口，横以铁链，并在梅家洲与石钟山驻军设炮，分割入湖水师与在江水师，“若割肝胆而判为楚越”，“终古不得合”。直至七年九月，湘军水陆并进，攻克梅家洲与石钟山，冲破湖口，两部水师才得会合。

三年内，为了会师，统帅曾国藩与水师统领彭玉麟想尽了办法，百计不得其解。国藩哀叹，谓：“方其战争之际，炮震肉飞，血瀑石壁。士饥将困，窘若拘囚。群疑众侮，积泪涨江。以求夺此一关而不可得，何其苦也。”（按，“血瀑石壁”，说的是湘军损兵折将三千余人，“群疑众侮”，则说曾国藩在江西，因所部陷入困境，无力东征，而受到官场的打压与磨折。）

因此，一旦湘军突出重围，悲喜交并，激动万分，就有了在石钟山设祠纪念的举动。昭忠祠的设计者是彭玉麟。玉麟爱好美术，一生画梅数千幅，武昌以下的长江两岸胜迹，很多地方能见到他的梅花刻石。于是，他亲力操办石钟山巅的建筑与室内设计，便不奇怪了。

确切地说，石钟山更像是一座临湖的石丘，而不好称为山。

走上一二百平缓的石阶，即已登顶。石阶尽处，是怀苏亭，亭内立石碑，正面为苏轼画像，背面是今人书《石钟山记》。据此可知不是古碑，问景区管理人员，谓原有清碑，绘曾国藩像，“文革”时被毁。

亭后左侧，循阶而下，有镇江塔。我走到塔下，拍了一张照片。停留几分钟，即被蚊子咬了五六个大包。山蚊比城蚊厉害多了，不仅见效快，移动速度尤其迅捷，且是团伙作案，令人恐惧。本来还要仔细看看有无刻石，至此不敢久留，落荒而逃。退而思之，短裤来游，是一败笔。

然又想起湘军水师初建，喜欢顺风顺水，以为节省物力，兼有神速。焉知风水大利，其弊在于往往失控，进退不能自主，反而为敌所乘。即如湖口一战，水师小艇顺风追杀太平军，直入鄱阳湖，大呼痛快。不知太平军正要诱敌深入，一俟湘军入湖，立即沉船于湖口，并以铁链封锁水面，导致入湖水师数年不得出。而江面大船没有小艇护卫，不能自守，也不能快速撤回武昌，遂为太平军围攻，火箭火筒齐施，烧个痛快。曾国藩大帅坐船也不幸免，所有官私文件毁于水火，生命安全受到威胁，士气大沮，局势大坏。经此一役，国藩才明白，水师作战，须逆水逆风，进退才能自主，虽然损失速度，但能保证安全。

我等宅男，原以为夏日出行，短装凉快，却不悟山野虫蚊，毒性重，攻击力强，以致初出即尝败绩。痛定思痛，才知道热可忍，痒不可忍，此后皆应穿长裤。其理与湘军初学战的经历暗合，痛痒之余，不禁偷笑矣。

回主道，右侧再上，则是梅花厅，原名六十本梅花寄舫。彭玉麟终生爱梅，在此地栽种六十株梅花，又在梅花丛中起屋，遂以为名。旧屋早毁，现在见到的二层仿古楼房，是 1980 年所建。且又改作什么天下奇音石展示处，雇一长髯老者，击石作乐，演唱红歌。瞄了一眼，赶紧撤退。

经过一段碑廊，便到昭忠祠。前楹祀萧捷三以下军官数十人，后楹祀士兵三千人。玉麟撰祠联，云："祀重春秋，名垂竹帛；光昭日月，气壮山河。"今祠更名为忠烈祠，改祀抗战中阵亡的国军将士，祠联仍旧。只是目前祠中空无一物，只有一座悬挂编钟的戏台，不知何谓。湘军神主固然在"文革"期间被扔掉，不能恢复，而若恭请抗战英魂来享馨香，总得有些寄托之物才好。

祠东为浣香别墅，进门为听涛眺雨之轩，再进为芸芍斋（今辟为拓片销售处），其后为且闲亭，庭前有小池，周布怪石，一石刻玉麟手书"云根"二字。别墅是玉麟在战时的指挥部，也是未来他每年一巡长江的下榻处。别墅刚布置好，即逢国藩再次出山，来此住了几天，并为祠堂题一联，云："巨石咽江声，长鸣今古英雄恨；崇祠彰战绩，永奠湖湘子弟魂。"联匾早毁，看不到了。

祠西为报慈禅林，有观音阁一所。玉麟父亲去世得早，依寡母成长，终生感谢母亲的养育之劳，借此为纪念也。

祠前有小平台，可以俯瞰鄱阳湖。午后四点，仍然酷热难受。幸而祠前有大树，树荫里有石凳石桌，坐下，喝口水，抽根烟，看看面目已变的祠门，风流已歇的别墅，再看看鄱阳湖与长江交汇处显明的水线，摸摸蚊子咬的包，想想此地发生过的激战，似又不再觉得特别难受了。

又，祠后碑廊有郭沫若诗碑（1965），曰："偶至石钟山，江天一望宽。水文黄赤界，峰影有无间。日寇沉人岬，湘顽败阵关。太平遗垒在，党校耀人寰。"其诗以"日寇"与湘军（"湘顽"）并举，盖以机械唯物史观解释近代史，则湘军性质为封建主义，与帝国主义的日军同属"三座大山"（还有一座是官僚资本主义），都是阶级敌人，不妨并列。然而今人对历史的态度已有改观，久不辨此，陡遇这种措辞，还是心中一凛。